Dr. Vinod Verma

DIE LEBENSKÜCHE

Dr. Vinod Verma

DIE LEBENSKÜCHE

Meine besten Ayurveda-Rezepte
Die Grundzüge der ayurvedischen Esskultur

Aus dem Englischen übersetzt
von Dr. Heinrich Heyne und Susanne Bunzel-Harris

Mary Hahn Verlag

Die Autorin

Dr. Vinod Verma ist Pharmakologin und Neurobiologin und vor allem ayurvedische Ärztin. Nach einer Promotion in Fortpflanzungsbiologie in Indien studierte sie Neurobiologie in Paris und promovierte dort ein zweites Mal. Danach arbeitete sie am »National Institute of Health« in Bethesda (USA) und am Max-Planck Institut in Freiburg. Auf dem Höhepunkt ihrer wissenschaftlichen Karriere in einer pharmazeutischen Firma in Deutschland gab sie alles auf und studierte ayurvedische Medizin. Ihr wurde bewusst, dass das westliche Medizinverständnis immer nur Teilbereiche behandelt. Sie wandte sich der ayurvedischen Medizin zu, die in ihrer Familie eine lange Tradition hat – ihre Großmutter war eine bekannte Heilerin. In den letzten zwanzig Jahren studierte Dr. Vinod Verma Ayurveda in der Tradition von Guru-Shishya bei Priya Vrat Sharma an der »Benares Hindu University«. Sie hat als Erste das Heilwissen des Ayurveda als wissenschaftliche Disziplin in den Westen gebracht. 1986 gründete sie NOW, um das traditionelle Wissen um ein gesundes, ganzheitliches Leben und Methoden zum Erhalt der Gesundheit zu verbreiten. Sie hat in Indien (in Delhi und im Himalaya) zwei Gesundheitszentren eröffnet und gibt auch regelmäßig (Koch-)Kurse in Deutschland, Österreich und der Schweiz. Ebenso bildet sie Studenten in der authentischen, lebendigen Tradition des Ayurveda aus. Hierzu gründete sie erst kürzlich die »Charaka School of Ayurveda«, um das authentische Ayurveda zu verbreiten. In deutscher Sprache hat Dr. Vinod Verma bereits zehn Bücher veröffentlicht u.a. »Kamasutra für Frauen« und den Bestseller »Ayurveda als Lebensweg«. In der nymphenburger erschien »Das Ayurveda-Programm für jeden Tag«.

Im Anhang finden Sie Adressen, wo Sie
die entsprechenden Gewürze
und Zutaten erwerben können.

Besuchen Sie Frau Dr. Verma im Internet unter
www.ayurvedavv.com und Mary Hahn unter www.herbig.net

Für die deutsche Ausgabe: © 2002 by Mary Hahn Verlag in der
F. A. Herbig Verlagsbuchhandlung GmbH, München
Alle Rechte vorbehalten
Schutzumschlaggestaltung: Wolfgang Heinzel
Schutzumschlagmotiv: oben: ZEFA, Düsseldorf; unten: The Image Bank, München
Fotos Innenteil: Alle Fotos aus dem Bildarchiv der Autorin,
außer S. 68, 70 u., 95 und 130: Heinz Gebhardt, München;
Satz: VerlagsService Dr. Helmut Neuberger & Karl Schaumann GmbH, Heimstetten
Gesetzt aus 11,5/16 Punkt Weiß
Druck und Binden: Printer Trento S. r. l.
Printed in Italy
ISBN 3-87287-501-9

Inhalt

Danksagung 9

Vorwort Brihaspati Dev Triguna 10

Einführung 12

Die Ayurveda-Esskultur 16

Einführung in die Ayurveda-Esskultur 18

Was bedeutet Ernährung im Ayurveda? **18**
Unser Körper **18**
Das Prakriti – die individuelle Natur **19**
Die Bedeutung des Prakriti **23**
Unsere Ernährung **24**
Die Rasas und die fünf Elemente **25**
Die Rasas und das Gleichgewicht von Vata, Pitta und Kapha **27**

Die Ayurveda-Esskultur richtig verstehen lernen 29

Wer sind Sie? **29**
Wann essen Sie was? **31**
Wo essen Sie was? **33**
Ernährungsweise in besonderen Situationen **34**
Wie und wie viel sollen wir essen? **35**
Wichtige Grundregeln der Ayurveda-Esskultur **36**

Die Ayurveda-Küche leicht gemacht 38

Alkohol und Tabak **44**
Nahrung als Nektar oder Gift **46**
Ihr Speiseplan bei Vikriti **47**

Prana — die Lebendigkeit in der Ernährung 49

Die sechs Dimensionen unserer Ernährung **50**
Wie wir unsere Ernährung bereichern **53**

Die Grundausstattung der Ayurveda-Küche 55

Kräuter und Gewürze **56**
Grundvorrat an Getreideprodukten und anderen Lebensmitteln **69**
Küchenutensilien **71**
Grundzubereitungen **73**

Ayurveda-Rezepte 80

Ein paar Worte vorab 82

Frühstück 85

Suppen 92

Warme Vorspeisen 100

Teigwaren 103

Reis 107

Gemüsegerichte 115

Käse 135

Brote 139

Salate 147

Hülsenfrüchte 153

Chutney, Rayata & Co. 163

Nachspeisen 168

Getränke 173

Fragen zur Ayurveda-Ernährung 184

Kräuter und Gewürze 190

Rezeptverzeichnis 190

Adressen 192

Dieses Buch ist folgenden Personen gewidmet:

Charaka, dem großen ayurvedischen Gelehrten, der vor 2600 Jahren die Grundlagen der Ayurveda-Esskultur niederschrieb. Was er damals aufzeichnete, besitzt heute noch Gültigkeit.

All denjenigen Frauen, Ärzten und Ärztinnen in Indien, die die Tradition des Ayurveda weiterhin mit Leben erfüllen.

Meinem Guru Acharya Priya Vrat Sharma, einer großen Autorität auf dem Gebiet des Ayurveda, der genaue Angaben zur pharmakologischen Wirkung der hier erwähnten Zutaten zur Verfügung stellte.

Danksagung

Meiner Großmutter und meiner Mutter bin ich zu großem Dank verpflichtet. Sie haben mir alles Wesentliche der Ayurveda-Esskultur und -Küche mitgegeben. Meine Großmutter war eine wandelnde Ayurveda-Enzyklopädie und erklärte uns immer genau, wann und wie wir essen sollten und was die Gründe dafür jeweils waren.

Sehr dankbar bin ich meinem Ayurveda-Lehrer und Guru, der mir den wissenschaftlichen Hintergrund der Ayurveda-Esskultur vermittelte. Ohne seine ausführlichen Bücher über die Ayurveda-Pharmakologie wäre ich nicht in der Lage gewesen, neue, internationale Ayurveda-Rezepte zu entwickeln.

Aufrichtiger Dank gilt meinen Freunden in Frankreich, die mich während meiner Studienzeit in Paris in die Kunst der französischen Küche eingeführt haben. Französische Esskultur und Küche haben mir insbesondere Dr. Giselle Nicolas, Prof. Jean André und Lucile Guillon nahe gebracht. Dies hat sich auch beim Schreiben dieses Buches als außerordentlich nützlich erwiesen.

Die Studenten, die meine Seminare in Europa und unsere Zentren in Delhi und im Himalaya besuchten, haben mich zu vielen neuen Rezepten inspiriert. Sie haben mir auch geholfen, die Schwierigkeiten zu verstehen, die Nicht-Inder haben, wenn sie die Ayurveda-Küche und -Esskultur kennen lernen möchten.

Vorwort

Etymologisch bedeutet Ayurveda »Lebenswissenschaft« bzw. »ganzheitliche Lebensweise«. In den Upanischaden (Schlussabschnitte der Veden, den Schriftzeugnissen aus dem antiken Indien) wird das Leben mit einem Triumphwagen verglichen, dessen Gefährt dem Körper entspricht und dessen Zügel wie der Geist sind, während der Verstand lenkt. Das Gespann insgesamt aber gehört der Seele (Atman). Leben existiert im Zusammenwirken von Körper, Sinnen, Geist, Verstand und Seele. Die Sushruta Samhita (Schriftensammlung des Sushruta, einem Gelehrten aus dem 6. Jh. v. Chr.) erklärt Gesundheit als die Freude, die Seele, Geist und Verstand empfinden, wenn sie sich im Zustand kosmischer Harmonie befinden. In eben dieser Hinsicht steht Ayurveda für mehr als nur schlichte Heilkunst: Ayurveda ist das ganzheitliche Verständnis des Lebens, ein umfassendes System der Heilkunde, das sich zum Ziel gesetzt hat, dem Menschen aufzuzeigen, wie er seine Gesundheit im weitesten Sinne bewahren kann. Gesundheitliche Störungen entstehen durch ein Ungleichgewicht der Doshas (Körperenergien), und nur wenn diese sich im Gleichgewicht befinden, ist der Mensch gesund (Rogastu Doshavaisamyam, Dosha Samyamarogyata).

Die Charaka Samhita ist die berühmteste antike Schriftensammlung über Ayurveda. Sie geht auf Charaka zurück, einen Zeitgenossen Sushrutas, und führt richtige Ernährung, angemessenen Schlaf und Enthaltsamkeit als Hauptfaktoren für eine gute Gesundheit an, wobei der Ernährungsweise eine Schlüsselrolle zukommt. Gemäß der ayurvedischen Lehre ist die Nahrung unsere beste Medizin, und in Sanskrit bedeutet Nahrung wörtlich »das, was Krankheiten behebt« (Aharo Rogaharah). Nach der Kasyapah Samhita kommt kein Heilmittel der Nahrung gleich. Denn wir Menschen können allein dadurch bei guter Gesundheit bleiben, dass wir uns richtig ernähren; andererseits ist es aber nicht möglich, nur mithilfe von Medizin wieder gesund zu werden, wenn man nicht gleichzeitig auf die richtige Ernährung achtet. So bezeichnet die Taittiriya-Upanischad die

Nahrung auch als Segen der Natur für uns Menschen. Allein schon die Reinheit der Nahrung kann die Reinheit des Geistes herbeiführen, und nur ein reiner Geist vermag auch zugleich Entschlossenheit und Einsicht zu zeigen.

Heute, in der Hektik des täglichen Lebens, ist uns die Bedeutung einer richtigen Ernährungsweise für ein wirklich glückliches und ausgefülltes Leben weitgehend verloren gegangen, und Fast Food und Chemie bestimmen unsere Ernährung. Statt Quelle unserer Gesundheit zu sein, ist deshalb die Nahrung mittlerweile zur Ursache vieler Krankheiten geworden: Mit unserer ungesunden Ernährungsweise fordern wir vielerlei Erkrankungen geradezu heraus, die in früherer Zeit noch unbekannt waren.

Mit der vorliegenden Darstellung der ayurvedischen Esskultur und einer Vielzahl an Rezepten, die auf den Prinzipien des Ayurveda beruhen, zeigt uns die Autorin einen klaren Weg aus dieser Verirrung auf. Viele, die unter den gesundheitlichen Folgen einer unausgewogenen Ernährungsweise zu leiden haben, werden mithilfe dieser Gebrauchsanleitung in der Lage sein, ihr Wohlbefinden wiederzuerlangen.

Insgesamt stellt dieses Buch einen bemerkenswerten Versuch dar, dem Leser unser uraltes Ayurveda-Wissen auf eine moderne Art und Weise als praktisches Kochbuch nahe zu bringen.

Brihaspati Dev Triguna

Einführung

Dieses Buch habe ich vor allem deshalb verfasst, weil mich viele meiner Leser und Studenten aus aller Welt nach so einem Werk gefragt haben. In drei früheren Veröffentlichungen habe ich zwar bereits Aspekte einer Ayurveda-gerechten Lebensweise behandelt und auch einige Ayurveda-Rezepte hinzugefügt, um eine Vorstellung von der Ayurveda-Küche zu vermitteln und damit der Leser seine eigene Kochweise dadurch nach Wunsch bereichern kann; in diesem Buch geht es aber im Wesentlichen darum, Speisen im Hinblick auf die spezifische Natur Ihres Körpers (der individuellen Konstitution oder Prakriti) und auf unterschiedliche Faktoren wie Wetter, Klima und Aufenthaltsort ausgewogen zuzubereiten.

Um Ayurveda-Rezepte verstehen und richtig anwenden zu können, muss man sich darum zuerst mit den Grundlagen des Ayurveda vertraut machen. Ayurveda ist die Wissenschaft vom Leben und behandelt sämtliche Aspekte des Lebens. Es ist eine wahrhaft ganzheitliche Lehre, die einen Eindruck von der Einheit des Universums vermittelt und davon ausgeht, dass jede Veränderung an irgendeiner Stelle des Universums eine Kette von Folgereaktionen auslöst, weil alles, was im Universum existiert, miteinander verbunden und voneinander abhängig ist. Da es daher meiner Auffassung nach nicht möglich ist, Ayurveda-Rezepte vorzustellen, ohne auf die Grundlagen der Ayurveda-Esskultur einzugehen, behandle ich diese im ersten Teil des Buches, die Rezepte folgen dann im zweiten Teil.

Die Ernährung ist nur ein Teil der gesamten Ayurveda-Lebensweise. Dieses Buch möchte Ihnen darum zuallererst die Ayurveda-Esskultur näher bringen und Sie mit köstlichen Gerichten dazu anregen, sich auch für die anderen Seiten des Ayurveda zu interessieren. Wenn Sie erst einmal selber festgestellt haben, dass Sie mit einer gesunden und ausgewogenen ayurvedischen Ernährung keineswegs langweiliges Essen erdulden und auch nicht auf Ihr Lieblingsessen oder Lieblingsgetränk verzichten müssen, gewinnen Sie bestimmt Vertrauen zu Ayurveda und möchten die anderen Gebiete auch kennen lernen.

Ayurvedische Gerichte sind eine harmonische Zusammenstellung verschiedener Nahrungsmittel, die mit zahlreichen Gewürzen, Kräutern und Samenkörnern so zubereitet werden, dass sie im Körper eine Harmonie herstellen, ihn erfrischen und regenerieren. Solche Speisen erhöhen das *Ojas* (Immunität und Vitalität) in Ihrem Körper. Dabei spielen die Art der Zubereitung, wie das Essen verzehrt wird und auch die Menge eine wesentliche Rolle. Ayurveda-Kost wird dem jeweiligen Aufenthaltsort, den Wetter- und Klimaverhältnissen, besonderen Bedingungen wie Erschöpfung, Krankheit oder Stress und insbesondere der individuellen Grundnatur des Menschen angepasst. Unter Berücksichtigung dieser Faktoren erfolgt eine ausgewogene Zubereitung der Speisen im Hinblick auf die fünf Grundelemente Äther, Luft, Feuer, Wasser und Erde, aus denen das gesamte Universum besteht. Diese Zusammenhänge müssen beachtet werden, damit man einzelne Ayurveda-Rezepte auch richtig verstehen kann.

Wenn wir von der Ayurveda-Küche sprechen, ist nicht die indische Küche gemeint – die Gerichte müssen auch gar nicht indisch sein. Zwar richten sich in Indien viele Familien traditionell nach den Grundsätzen der Ayurveda-Küche, aber bei weitem nicht alle indischen Gerichte werden so zubereitet. Viele der recht hübsch anzuschauenden Kochbücher über Ayurveda behandeln in Wahrheit einfach nur die indische Küche und sind darüber hinaus oftmals »europäisiert«. *Chapati*, das flache Weizenbrot zum Beispiel, das in den meisten indischen Familien gegessen wird, besteht aus einem zu jeder Mahlzeit frisch zubereiteten Teig aus Mehl und Wasser, der in einer Eisenpfanne gebacken wird. Dabei wird weder Salz noch Fett verwendet. Wenn sie fertig gebacken sind, kommt meist etwas Ghee (Butterfett) auf die Chapatis. Man isst sie häufig zu Gemüse- oder Fleischgerichten, die natürlich gesalzen sind. Zu meiner Überraschung aber geben viele solcher so genannten Ayurveda-Kochbücher in den Chapati-Rezepten auch Salz an, offensichtlich um sie im Geschmack den in westlichen Ländern üblichen Brotsorten anzugleichen. Oftmals findet man auch Rezepte für frittierte, sehr fett- und ölhaltige Gerichte. Von solchen Speisen wird in alten Ayurveda-

Quellen sogar ausdrücklich abgeraten, und falls man sie dennoch essen wollte, sollten sie unbedingt mit bestimmten verdauungsfördernden Gewürzen zubereitet werden. Solche aber sind in den betreffenden Büchern wiederum nicht aufgeführt.

Viele in diesem Buch angegebene Rezepte wurden neu entwickelt und auf einen modernen Tagesablauf, knapp bemessene Zeit und das üblicherweise vorhandene Küchengerät zugeschnitten. Da ich als Erwachsene viele Jahre in Europa verbracht und verschiedene Gegenden der Welt bereist habe, haben sich meine Rezepte nach den Ernährungsgrundsätzen des Ayurveda häufig an verschiedenen Kulturen »bereichert«. Um neue Rezepte zu entwickeln, war es für mich gar nicht erforderlich, die ayurvedische Küche besonders zu erforschen. Ich bin nämlich in einer Großfamilie aufgewachsen, in der ich mir die Grundsätze der Ayurveda-Ernährungslehre auf ganz natürliche Weise aneignen konnte, einschließlich der Gründe, was man wann und wie unter verschiedenen Umständen isst.

Als ich später im Ausland lebte und dort neue Gerichte und Zubereitungsformen kennen lernte, war es dann ganz einfach für mich, diese Grundsätze auch darauf anzuwenden, und ich probierte mit meinen ayurvedischen Kräutern und Gewürzen einfach verschiedene neue Zubereitungen aus. Wenn man in der Ayurveda-Tradition von Gleichgewicht und Harmonie aufwächst, dann fühlt man die Wirkung einzelner Nahrungsmittel auf seinen Organismus ganz von allein und vermag auch ohne Mühe, in seiner Ernährung Gleichgewicht und Harmonie herzustellen. Das Schwierigste an diesem Buch war deshalb, für die einzelnen Zutaten in den Rezepten die richtigen Mengen anzugeben, denn ich bin es nicht gewohnt, genau nach Gewicht oder Menge zu kochen. Ich gehe lieber intuitiv vor. Wenn es Ihnen genauso geht, werden Sie ganz besonders leicht mit den Rezepten umgehen können.

In der Ayurveda-Küche gebrauchen wir eine Reihe besonderer Zutaten; ihnen ist ein eigenes Kapitel gewidmet. Die Kräuter und Gewürze, mit denen wir unsere Gerichte gesund und bekömmlich machen, können gleichzeitig auch als kleine Hausapotheke dienen. In diesem Buch wollen wir uns aber auf die Essenszubereitung und damit verbundene Aspekte der Esskultur beschränken. Ihnen werden die Rezepte hoffentlich ebenso große Freude bereiten wie den Teilnehmern meiner Kochseminare der letzten Jahre.

Ayurveda schreibt nicht vor, aus gesundheitlichen Gründen vegetarisch zu essen. In der Ayurveda-Esskultur zählt ausschließlich, dass das Essen entsprechend den Regeln des Universums harmonisch zubereitet wird, egal ob es sich um Fleisch oder Gemüse handelt. Ayurveda ist, wie gesagt, allgemeine Lebenskunde und nimmt daher keinen bestimmten moralischen Standpunkt ein. Milch ist in der Ayurveda-Küche sehr wichtig als Quelle von tierischem Fett und Eiweiß. Ich persönlich esse kein Fleisch und keine Eier, da ich in einer Familie mit langer vegetarischer Tradition aufwuchs. Ich empfinde Fleischessen als barbarisch. Außerdem bin ich stark beeinflusst von der Yoga-Tradition des *Ahimsa* (Töte nichts und füge niemand Leid zu). In einigen Gegenden der Welt mag es jedoch notwendig sein, Fleisch zu essen. Ein solcher Zwang wird aber angesichts verbesserter Transportwege auch dort geringer. Es gibt noch zwei weitere Gründe, warum ich gegen das Fleischessen bin: Einmal sind wir biologisch eng mit Tieren verwandt, und der Gedanke daran, deren Fleisch und Blut zu essen, ist für mich nicht besonders reizvoll. Zweitens ist rohes Fleisch für mich nicht appetitanregend – es hat mit Töten zu tun und sieht tot aus. Frisches Gemüse in schönen Farben und Formen dagegen sprüht vor *Prana*-Energie. Um diesen Punkt abzuschließen, möchte ich noch den Standpunkt von Acharya Brihaspati Dev Triguna, einem der berühmtesten *Vaidyas* (Ayurveda-Ärzte) unserer Zeit, wiedergeben. Er sagt, ein Tier, das zum Schlachthof geführt wird, weiß um sein Schicksal; sein Fleisch wird voller negativer Energie von Angst, Furcht und Schmerz sein. Milch andererseits kann nur mit einem Gefühl der Liebe produziert werden, es ist ursprünglich Nahrung für die Kinder.

Vinod Verma

16

DIE AYURVEDA-ESSKULTUR

»Nahrungsmittel und alle Dinge, die ungesund sind und von denen eine nachteilige Wirkung ausgeht, sollen nicht aus Unwissenheit oder Unachtsamkeit verwendet werden. Man soll warme, gewürzte und verträgliche Speisen in angemessener Menge essen, wenn die vorhergehende Mahlzeit vollständig verdaut ist, in angenehmer Atmosphäre und Ausstattung, nicht zu schnell und nicht zu langsam, nicht während man spricht oder lacht, mit voller Aufmerksamkeit und seinem Alter und seiner Konstitution entsprechend.«

Charaka Samhita
Vimanasthanam I,
S. 23–24

Charaka war einer der großen Weisen des Ayurveda und lebte im 6. Jahrhundert vor unserer Zeitrechnung. Seine Arbeit ist im Charaka Samhita zusammengefasst.

links: Okra und seine Blüte

Einführung in die Ayurveda-Esskultur

Was bedeutet Ernährung im Ayurveda?

Die Vorstellung von Nahrung im Ayurveda basiert auf dem Prinzip der Einheitlichkeit des Universums: alles ist miteinander verbunden und voneinander abhängig.

Alles, was im Universum existiert, setzt sich aus den fünf Grundelementen Äther, Luft, Feuer, Wasser und Erde zusammen, auch unser Körper und unsere Nahrung.

Das erste Element ist Äther; Äther ist der Raum, und ohne Raum kann nichts existieren. Im Äther befindet sich Luft, das zweite Element. Das dritte Element ist Feuer, und das setzt Äther und Luft voraus. Wasser hängt als viertes Element von den vorausgehenden ab. Das letzte und schwerste Element ist Erde und umfasst alle anderen.

Unser Körper

Damit die physischen und geistigen Körperfunktionen aufrechterhalten werden können, bilden die fünf Elemente im Körper drei verschiedene Energieformen, die so genannten Grundenergien, nämlich *Vata*, *Pitta* und *Kapha*. Vata bildet sich aus Äther und Luft, Pitta aus Feuer, Kapha aus Wasser und Erde.

ÄTHER und LUFT	→	**VATA**
FEUER	→	**PITTA**
WASSER und ERDE	→	**KAPHA**

Befinden sich die drei Grundenergien und damit auch die fünf Elemente im Körper im Gleichgewicht, so sind wir gesund. Bei einem Ungleichgewicht hingegen entstehen Energieverluste und dadurch auch Erkrankungen. Aus Sicht des Ayurveda steht Gesundheit für das Wohlbefinden in allen körperlichen, seelischen, sozialen und kosmischen Belangen, die sämtlich miteinander verbunden sind und nicht voneinander getrennt werden können. Um bei guter Gesundheit zu bleiben, müssen wir immer versuchen, Vata, Pitta und Kapha im Gleichgewicht zu halten, denn neben unserer Ernährung wirken noch viele andere Faktoren wie Wetter und Klima, Aufenthaltsort und Gemütszustand ständig auf das Gleichgewicht ein. Hier wollen wir uns in erster Linie darauf konzentrieren, wie wir mit der Ernährung unsere körperliche und geistige Energie im Gleichgewicht halten können. Denn die Energie, die unser Körper laufend verbraucht, müssen wir durch Essen und Atmen ständig wieder zuführen. Im Kasten sind die drei Grundenergien, ihre Bedeutung für die individuelle Konstitution, dem *Prakriti*, und ihr Zusammenwirken mit den drei Eigenschaften von Geist und Seele genauer beschrieben. (Für nähere Einzelheiten verweise ich auf meine drei bereits zu diesem Thema erschienenen Bücher.)

Das Prakriti – die individuelle Natur

Eine Mutter erkennt bei ihren Babys von Anfang an unterschiedliche Persönlichkeitszüge – sie unterscheiden sich in ihren Vorlieben oder Abneigungen beim Essen, ihren Reaktionen auf Wetter, Klima oder Medizin und in manch anderer Hinsicht. Gemäß der ayurvedischen Lehre verfügt jeder von uns von Geburt an über eine eigene Natur oder Konstitution, die Grundlage seiner physiologischen und psychologischen Reaktionen ist. Für den Erhalt der Gesundheit kommt es entscheidend darauf an, diese individuelle Konstitution genau zu beachten.

Das *Prakriti* eines Menschen hängt mit der Dominanz von einer oder zwei der Grundenergien zusammen, die ihre Eigenschaften als die ihn bestimmenden festlegen. Menschen mit Pitta-Prakriti zum Beispiel sind hitzeempfindlich, schwitzen häufig und essen und trinken viel. Solche mit Vata-Prakriti sind flink und beweglich, mit Kapha-Prakriti hingegen eher langsam und bedächtig in ihren Bewegungen, aber auch toleranter als die beiden anderen. Bei gemischtem Prakriti können solche Eigenschaften eines Menschen von Fall zu Fall wechseln.

Bei der Gewichtung der einzelnen Energien als Unterscheidungsmerkmal für Prakriti kommt es auch auf das Ausmaß eines Übergewichts an. Man kann zum Beispiel mehr oder weniger stark Vata-bestimmt sein. Ebenso können in einem gemischten Prakriti die beiden bestimmenden Grundenergien unterschiedlich stark vertreten sein. Auch wenn die Eigenschaften aller Energien deutlich sichtbar sein sollten, zum Beispiel bei Menschen mit viel Kraft und Vitalität, großem Durchhaltevermögen, einem guten Immunsystem und ausgezeichnetem Intellekt überwiegen oft eine oder zwei Energien, die dann das Prakriti bestimmen.

Stellen wir uns die drei Energien bei verschiedenen Menschen auf einer Skala von 0 bis 10 vor und betrachten, bei 0,1 angefangen, alle Einzelstufen bis zum Wert 10, so erhalten wir 100 verschiedene Einzelfälle. Multiplizieren wir diese mit den sieben Arten von Prakriti, bekommen wir eine große Zahl unterschiedlicher Ausprägungen, und wenn wir darüber hinaus das Ausmaß eines Übergewichts und das Verhältnis zweier Grundenergien bei gemischtem Prakriti berücksichtigen, dann bekommen wir sehr zahlreiche Arten von Prakriti.

Die sieben Grundtypen von Prakriti:

Vata	Vata-Pitta	Vata-Kapha
Pitta	Pitta-Kapha	Samadosha
Kapha		(Gleichgewicht)

Die Grundenergien und Eigenschaften des Geistes

Die drei Grundenergien Vata, Pitta und Kapha (Dosha genannt in Sanskrit) sorgen für die Aufrechterhaltung unserer Körperfunktionen. Dabei richten sich ihre Eigenschaften nach den Eigenschaften der ihnen jeweils zugrunde liegenden Elemente.

Vata steuert sämtliche Körperbewegungen, den Blutkreislauf, die Atmung, Ausscheidung, Sprache, das Gehör, Empfindungen, den Tastsinn, Gefühle wie Angst, Furcht und Begeisterung, die natürlichen Triebkräfte und das Sexualverhalten.

Pitta ist verantwortlich für das Sehvermögen, Hunger und Durst, den Wärmehaushalt des Körpers, Geschmeidigkeit und Glanz, Fröhlichkeit, den Intellekt und die sexuelle Spannkraft.

Kapha bestimmt den Körperbau, die Körperkraft, sexuelle Potenz, Bindungsfähigkeit, Beständigkeit, Bedächtigkeit, Geduld und Zurückhaltung.

Wir Menschen unterscheiden uns voneinander durch kleine Unterschiede in unserer Grundkonstitution (*Prakriti* in Sanskrit), weil die drei Energien jeweils unterschiedlich stark ausgeprägt sind und dabei eine oder zwei der Grundenergien gemeinsam dominieren. Dies unterscheidet uns auch von Maschinen, als die wir bisweilen in der modernen Medizin angesehen werden. Das Prakriti bezeichnet nicht nur die bei jedem Menschen unterschiedlichen äußeren Merkmale, sondern auch den jeweiligen Persönlichkeitstyp.

Wenn wir gesund und vital bleiben wollen, so müssen die drei Energien nicht nur jede für sich, sondern auch im Verhältnis zueinander im Gleichgewicht bleiben. Denn wenn eine Energie beeinträchtigt wird und sich in ihrer gewohnten Eigenschaft oder Stärke verändert oder die drei Grundenergien aus der Balance geraten, führt dies zu **Vikriti**, einem ungesunden Zustand, der Erkrankungen zur Folge hat. Bleibt der

Störungszustand über einen längeren Zeitraum unbeachtet, so können auch schwerere Krankheiten entstehen.

Je nach Tageszeit, Aufenthaltsort, Ernährungsweise, Gefühlslage und anderen Faktoren unterliegen die Grundenergien ständig wechselnden Einflüssen, und wenn man die Wirkung solcher Einflüsse auf seine eigene Natur kennt, dann lernt man auch, wie man sein Gleichgewicht bewahren kann. Da die drei Grundenergien unsere geistigen Funktionen steuern, stehen sie auch in enger Verbindung mit unserem Denkvermögen, und deshalb ist es wichtig, deren Eigenschaften ebenfalls im Gleichgewicht zu halten. Der Geist hat drei verschiedene Erscheinungsformen, die wir als **Geisteseigenschaften** bezeichnen: **Rajas**, **Sattva** und **Tamas**. Rajas umfasst das Denken, Planen und Entscheiden; Tamas steht für Gefühle und Eigenschaften, die die Aktivität und Beweglichkeit einschränken, wie Gier, Zorn, Eifersucht oder Faulheit; Sattva beinhaltet Gleichgewicht, Güte, Wahrheit, Mitgefühl, Ruhe und Frieden. Sind Sattva, Rajas und Tamas nicht in Balance, ist hiervon nicht nur das Gleichgewicht der Grundenergien betroffen, sondern es können auch seelische Krankheiten entstehen. Sattva ist die innere Ruhe und sorgt für die Balance von Rajas und Tamas, Eigenschaften, die vielfach unser Leben in der modernen Zeit bestimmen. Für unsere Gesundheit und Vitalität ist daher ein Gleichgewicht in allen sechs Bereichen erforderlich, denn die jeweils drei Dimensionen der beiden Ebenen beeinflussen sich gegenseitig. Jedes Ungleichgewicht der drei Geisteseigenschaften beeinträchtigt die Balance der Grundenergien und umgekehrt.

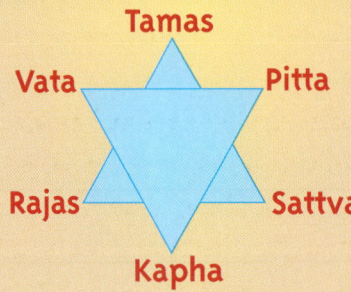

Die drei Grundenergien und die drei Geisteseigenschaften sind natürlich nicht starr, vielmehr fließende Einheiten, die sich ständig verändern und gegenseitig beeinflussen, wobei ihre jeweilige Stärke auch von unserer Lebensweise und Gedankenwelt abhängt. Leben wir zum Beispiel ständig unter dem Eindruck, wir hätten zu viel zu tun, legen große Hektik an den Tag, dann ist unser Rajas überbetont, was dem Vata schadet. Umgekehrt gilt auch, dass beeinträchtigtes Vata, vielleicht hervorgerufen durch kaltes und trockenes Essen, zu Rast- und Ruhelosigkeit und damit unausgewogenem Rajas führen kann. Bewegungsarmut oder zu viel Schlaf wiederum führen zu unausgeglichenem Tamas, und dies kann eine Kapha-Störung zur Folge haben. Pitta schließlich, das unruhige Feuer, und Sattva, das für Licht und innere Ruhe steht, finden sich in einem ähnlichen Spannungsverhältnis.

Die Bedeutung des Prakriti

Die Anwendung des Ayurveda-Wissens setzt eine genaue Kenntnis der individuellen Konstitution voraus, denn bei jedem Menschen reagiert der Organismus auf Wetter- oder Klimaveränderungen und in Stresssituationen anders bzw. spricht auf eine bestimmte Diät oder Medizin unterschiedlich an. So kann zum Beispiel ein Mensch mit einem bestimmenden Feuerelement (Pitta-Prakriti) diese Energie durch eine falsche Ernährungs- oder Verhaltensweise, in der nämlich dasselbe Element dominiert, beeinträchtigen und auf diese Weise krank werden.

Durch entsprechende Anpassungen in der Ernährung oder im Lebensstil ist es nun möglich, eine solche Energiestörung zu korrigieren; die Grundkonstitution ändert sich dadurch jedoch nicht. Zwar können in besonderen Fällen wie ein Unfall oder eine schwere Krankheit unter Umständen einige dem eigenen Prakriti nicht entsprechende Merkmale auftreten – mit der Genesung aber kehren die charakteristischen Eigenschaften wieder zurück. Wenn Sie zum Beispiel über ein Vata-Prakriti verfügen und aus Krankheitsgründen viel Schlaf benötigen und langsam in Ihren Bewegungen geworden sein sollten, so wird mit der Heilung die alte Agilität von selbst zurückkehren.

Auch wenn sich die Natur eines Menschen nicht ändert, so können in bestimmten Lebenslagen gleichwohl Variationen innerhalb einer Konstitution auftreten. Wenn ein Pitta-Veranlagter, der leicht ungeduldig oder zornig ist, auch einen Pitta-geprägten Partner hat, kommt es leicht zu Zwist und Streit, da sich beide ähnlich verhalten und ihre Wutausbrüche gegenseitig provozieren. Lebt eine dieser Personen später mit einem Kapha-veranlagten Partner zusammen, der Geduld und Toleranz zeigt, werden sich die Zornesausbrüche des Pitta-bestimmten Partners mit der Zeit legen. Die Geduld der einen Person veranlasst die andere, sich zu besinnen und nicht überzureagieren. Wir sehen also, dass die Kenntnis des Prakriti eines Menschen nicht nur für die richtige Ernährung und Gesundheitspflege von Bedeutung ist, sondern uns auch zu mehr gegenseitigem Verständnis bei Problemen in der Familie und am Arbeitsplatz verhilft.

Unsere Ernährung

Mit der Nahrung nehmen wir die fünf Elemente auf, die unser Körper benötigt. Aber nur, wenn er diese Elemente in der richtigen Menge und im richtigen Verhältnis erhält, gelangen Vata, Pitta und Kapha in ein Gleichgewicht und stärken Gesundheit und Vitalität. Durch eine speziell angepasste Ernährungsweise ist es auch möglich, Beschwerden und einfache Erkrankungen zu beheben, die mit einem Ungleichgewicht der drei Grundenergien zusammenhängen. Dies ist Bestandteil der Ayurveda-Esskultur.

Um die mit dem Essen verbundene Wirkung auf unser Energiegleichgewicht und damit für Wohlbefinden und Gesundheit genau einschätzen zu können, müssen wir zunächst die Eigenschaften der einzelnen Nahrungsmittel kennen. Wir können zwar nicht direkt erfassen, wie viele der fünf Elemente jeweils in unserer Nahrung enthalten sind, ihre Wirkungseigenschaften aber sind über die Art des Geschmacks (*Rasa* in Sanskrit) feststellbar, denn hierin sind die Eigenschaften der fünf Elemente verkörpert.

Wirkung der Rasas auf die Grundenergien

Grundenergie	Verstärkende Geschmacksarten	Abschwächende Geschmacksarten
Vata	Scharf Bitter Zusammenziehend	Süß Sauer Salzig
Pitta	Sauer Salzig	Süß Bitter Zusammenziehend
Kapha	Süß Sauer Salzig	Bitter Scharf Zusammenziehend

Die Rasas und die fünf Elemente

Rasa bedeutet wörtlich Geschmack, bezeichnet im Ayurveda aber die Gesamtwirkung einer Substanz auf den Organismus, die zunächst über die Zunge wahrgenommen wird und ähnlich wie eine Wahrnehmung mit den Augen physiologische und gefühlsmäßige Reaktionen auslöst. Unsere Zunge fungiert dabei als eine Art Türsteher.

Ayurveda unterscheidet sechs Rasas: *süß, sauer, salzig, scharf, bitter* und *zusammenziehend* (adstringierend). Die moderne Biologie kennt nur vier Geschmacksarten entsprechend den Geschmacksknospen auf der Zunge, Scharf und Zusammenziehend gehören nicht dazu. Diese beiden Rasas werden in der Tat nicht ausschließlich über die Zunge, sondern vorwiegend in anderen Teilen des Organismus direkt wahrgenommen.

Rasas wirken auf die Grundenergien des Organismus entsprechend den Eigenschaften der ihnen zugrunde liegenden Elemente. Das Rasa »*Süß*« setzt sich

Beispiele für die verschiedenen Rasas

Süß	Weizen, Gerste, Mais, Mungbohnen, rote Linsen, Honig, die meisten Früchte, Milch, Butter, Ghee, Wild.
Sauer	Zitrusfrüchte, saures Obst wie Pflaumen, Pfirsiche oder Kiwi, Tomaten, Rhabarber.
Salzig	Verschiedene Salzarten.
Scharf	Ingwer, Knoblauch, Pfeffer und viele andere Gewürze.
Bitter	Endivien, Spargel, Bitterkürbis (Gourd), Löwenzahn, Rucola.
Zusammenziehend	Spinat, Datteln, Feigen, unreifes Obst.

Bei den Rasas gelten folgende Ausnahmen:
1. Honig, Kandiszucker, Wild, Reis, Gerste, Weizen und Mungbohnen sind nicht Kapha-fördernd, obschon sie das Rasa Süß aufweisen.
2. Amala (eine außergewöhnlich energiespendende Frucht aus Nordindien) und Granatäpfel haben zwar ein saures Rasa, sorgen aber für eine Balance der drei Grundenergien.
3. Steinsalz fördert entgegen seiner Rasa Kapha nicht.

zusammen aus Wasser und Erde; es wirkt daher Kapha-verstärkend und beruhigt Vata und Pitta. Das Rasa »*Sauer*« bildet sich aus Feuer und Wasser; es erhöht Pitta und Kapha und wirkt Vata-senkend. Das Rasa »*Salzig*«, gebildet aus Feuer und Erde, ist dem Rasa Sauer ähnlich. Alle drei erhöhen Kapha und senken Vata.

Das vierte Rasa, »*Scharf*«, geht auf Luft und Feuer zurück. Es verstärkt sowohl Vata als auch Pitta, senkt andererseits Kapha. Die Rasas Sauer, Salzig und Scharf wirken alle Pitta-erhöhend. Äther und Luft bilden »*Bitter*«, das fünfte Rasa. Es fördert Vata, senkt jedoch Pitta und Kapha. »*Zusammenziehend*« schließlich, gebildet aus Luft und Erde, erhöht Vata und reduziert Pitta sowie Kapha. Die drei letztgenannten Rasas wirken alle Vata-erhöhend und Kapha-senkend. Diese Zusammenhänge sind in der Übersicht auf S. 25 zusammengefasst.

Zur weiteren Illustration sind in der Übersicht auf S. 26 den einzelnen Rasas verschiedene Lebensmittel zugeordnet.

Die Rasas und das Gleichgewicht von Vata, Pitta und Kapha

Ausgewogene Ernährung bedeutet im Ayurveda, mit der richtigen Kombination der fünf Elemente in der Nahrung, wo sie in Form der sechs Rasas auftreten, für das Gleichgewicht der fünf Elemente im Organismus zu sorgen, wo sie in Form der drei Grundenergien sichtbar sind. Die Kunst der gesunden und vitalisierenden Ernährung liegt nun darin, mit dem Essen sämtliche Rasas in einem ausgewogenen Verhältnis aufzunehmen, sodass die fünf Elemente im Körper und damit auch die Grundenergien im Gleichgewicht bleiben. Ist aber das Energiegleichgewicht zum Beispiel aufgrund von Wetter- oder Klimaeinflüssen, weil wir uns auf Reisen befinden oder aus anderen Gründen aus der Balance gekommen, dann müssen wir eine ganz spezifische ausgleichende Ernährung zusammenstellen, damit wir das Gleichgewicht wieder herstellen können. Im Folgenden gehe ich auf diese spezifischen Ernährungsfaktoren näher ein, möchte zunächst aber die bisher behandelten Aspekte der ausgewogenen ayurvedischen Ernährung in ihrer praktischen Bedeutung für das Kochen zusammenfassen.

Grundsätzliches zur Ayurveda-Esskultur

Nachfolgend führe ich einige einfache Regeln auf, die wir bei unserer Ernährung beachten sollten. Sie erleichtern auch das Verständnis der Prinzipien, die hinter den Rezepten in diesem Buch stehen.

1. Achten Sie bei der Zubereitung darauf, dass Sie möglichst alle Rasas verwenden und vor allem nicht nur ein Geschmack das Gericht bestimmt. Dies ist meist recht einfach. Saure Salatsaucen zum Beispiel kann man mit einem Löffel Honig oder gehackten Zwiebeln ausbalancieren. Viel zu oft fehlen Bitterstoffe ganz auf dem Speiseplan; denken Sie deshalb daran, immer etwas bitter schmeckende Salate, Gemü-

se und Gewürze in der Küche zu haben. Erweitern Sie überhaupt ihre Palette an Kräutern und Gewürzen.

2. Nehmen Sie möglichst viele verschiedene Obst-, Gemüse- und Getreidearten auf Ihren Speiseplan. Essen Sie nicht immer dasselbe, auch wenn es noch so gesund sein soll oder eine an sich durchaus ausgewogene Mahlzeit ist. Experimentieren Sie mit alternativen Zubereitungsformen. Probieren Sie Ihr Lieblingsgericht, auch wenn es ungesund gewesen sein soll, ruhig wieder aus — aber zubereitet nach Ayurveda!

3. Essen Sie möglichst Obst und Gemüse der Saison, und wenn Sie in eine andere Gegend kommen, dann probieren Sie die lokalen Produkte und passen sich am besten den dortigen Essgewohnheiten an.

4. Schwer verdauliche Nahrungsmittel und solche mit antagonistischen Eigenschaften können Sie Tabelle 2 entnehmen. Denken Sie daran, dass Unbekömmliches und alles, was nicht Ihrer Konstitution entspricht, schädlich für Ihre Gesundheit sein kann. Auch wenn die abträgliche Wirkung zunächst nicht sichtbar werden sollte, kann es langfristig einen kumulativen Effekt geben. Wenn Ihr Organismus zu irgendeiner Zeit auf bestimmte Nahrungsmittel negativ reagiert, sollten Sie diese meiden.

5. Unser Essen sollte nicht nur die notwendigen Nährstoffe enthalten, sondern auch unsere Gesundheit, Vitalität und Widerstandskraft stärken. Ferner können wir mit Gewürzen und Kräutern auch Beschwerden im Zusammenhang mit unausgewogenen Körperenergien begegnen. Darauf sollte man bei der Essenszubereitung immer achten.

Die Ayurveda-Esskultur richtig verstehen lernen

Für das Verständnis der Ayurveda-Esskultur ist wichtig zu unterscheiden, *wer, was, wo, wann, wie und wie viel isst*. Diesen Aspekten wenden wir uns der Reihe nach zu. Zunächst betrachten wir die Merkmale der Grundkonstitution, die wir dann in Beziehung zu unserer Ernährungsweise setzen. Anschließend befassen wir uns mit der Bedeutung zeitbezogener Faktoren wie unser Alter, die Tages- und Jahreszeit für unsere Ernährung. Als Drittes schauen wir uns die geografische Komponente einer ausgewogenen Ernährung in ihrer Auswirkung auf die Grundenergien an. Abschließend fassen wir die unterschiedliche Ausrichtung der Ernährung in Abhängigkeit von der individuellen Konstitution sowie den orts- und zeitbezogenen Komponenten zusammen.

Wer sind Sie?

In diesem Abschnitt wollen wir sehen, wie man anhand von typischen Reaktionen und Verhaltensmustern sowie dem äußerlichen Erscheinungsbild die Konstitution eines Menschen bestimmen kann.

Wenn Sie sich selbst genauer betrachten, werden Ihnen einige der folgenden Punkte an sich auffallen. Sind Sie flink, behände, reaktionsschnell und entscheidungsfreudig, fühlen sich an kalten und windigen Tagen schnell unwohl, sind gefühlsbetont und leicht aufgeregt, machen sich oft Sorgen und neigen zu trockener Haut, dann zeugt dies von einem Übergewicht der Elemente Äther und Luft und bedeutet, dass Sie ein *Vata-Prakriti* besitzen.

Sind Menschen dagegen hitzeempfindlich, schwitzen häufig, haben ein gerötetes Gesicht, sind oft intolerant, haben wenig Ausdauer, spüren oft Hunger oder

Durst und werden besonders vor den Essenszeiten leicht zornig, dann steht bei ihnen das Feuerelement im Vordergrund und sie weisen eine *Pitta-Konstitution* auf.

Andere Personen wiederum sind eher bedächtig und tolerant, bewegen sich langsamer, essen und trinken weniger, verschieben Angelegenheiten gern und brauchen länger, um sich zu entscheiden. Bei ihnen dominieren die Elemente Wasser und Erde, und sie verfügen über eine *Kapha-Konstitution*.

Manche Menschen weisen auch Eigenschaften auf, die verschiedenen Konstitutionen zugeordnet werden können. In einer solchen Mischveranlagung wechseln die bestimmenden Merkmale je nach Situation; dies ist bei *Vata-Pitta*, *Vata-Kapha* und *Pitta-Kapha* der Fall. Ein siebter Prakriti-Typ wird Samadosha genannt; bei ihm sind die Merkmale von Vata, Pitta und Kapha gleich stark vertreten und befinden sich im Gleichgewicht.

Weitere Einzelheiten zu diesem Themenkomplex können Kapitel 3 meines Buches »Das Ayurveda-Programm für jeden Tag« entnommen werden.

Ernährung und Ihre individuelle Konstitution (Prakriti)

Für unsere Gesundheit ist ein Gleichgewicht der Grundenergien notwendig; dies können wir mit einer Ernährung sicherstellen, die im Hinblick auf alle Rasas ausgewogen ist. Darüber hinaus müssen wir aber immer unserem Prakriti Beachtung schenken. Die Grundenergie, die uns bestimmt, kann aufgrund einer bestimmten Nahrung oder durch die Veränderung anderer Faktoren wie Witterung und durch unser Lebensalter schnell beeinträchtigt werden. Dies lässt möglicherweise ein Ungleichgewicht entstehen und ruft ein Vikriti (leichte Beschwerden) hervor. Wer zum Beispiel mit einer Vata-Veranlagung häufig kalte, trockene oder konservierte Nahrung isst, die vorwiegend aus den Rasas Bitter, Scharf und Zusammenziehend besteht, setzt sich einer Vata-Störung aus, die typische Vata-Beschwerden wie steife Glieder, Verdauungs- und Schlafstörungen, Unruhe, Schüttelfrost oder auch trockene Haut und einen ausgetrockneten Hals mit sich bringen kann. Für Vata-bestimmte Menschen ist es also wich-

> tig, Vata-reiche Kost zu vermeiden und mit geeigneten Kräutern und Gewürzen eine ausgleichende Ernährung sicherzustellen. Ähnliches gilt für die anderen Konstitutionen. Angaben dazu, welche Kräuter und Gewürze die richtigen sind, finden Sie in den folgenden Abschnitten.

Wann essen Sie was?

In unserer Ernährungsweise müssen wir auch zeitbezogene Komponenten hinsichtlich unseres Alters, der Tageszeit und der Jahreszeit berücksichtigen.

Lebensalter: In der Kindheit überwiegt das Kapha, und die Elemente Wasser und Erde treten hervor. Kapha ist verantwortlich für den Körperbau und deshalb in der Phase der körperlichen Entwicklung besonders wichtig. Im Laufe der Jugend geht die Kapha-Energie langsam zurück, und ab etwa dem 17. Lebensjahr erhält die Pitta-Energie ein Übergewicht, deren Feuerelement für Jugendliche und junge Erwachsene bestimmend wird. Später verringert sich die Pitta-Energie wieder, und die Vata-Energie nimmt zu. Mit fortschreitendem Alter bestimmt uns ein Vata-Übergewicht.

Tageszeit: In den Vormittagsstunden (etwa 6–10 Uhr) und Abendstunden (etwa 18–22 Uhr) herrscht ein starker Einfluss von Kapha vor, der Nachmittag (14–18 Uhr) und die späte Nacht (2–6 Uhr) werden durch Vata bestimmt, und dazwischen, in den Stunden um Mittag (10–14 Uhr) und Mitternacht (22–2 Uhr), dominiert Pitta. Diese Zeitangaben sind natürlich nicht als exakte Grenzen zu verstehen; sie dienen lediglich der Verdeutlichung.

Jahreszeit: Da die Jahreszeiten nicht in allen Ländern gleich sind, beziehe ich mich auf Klima und Witterung. Trockenes, kaltes und windiges Wetter erhöht das Kapha, während nass-kalte Witterung überwiegend Kapha mit sich bringt. Die heißen, trockenen Sommermonate verstärken die Pitta-Energie, und das feucht-heiße Klima Kapha-Pitta.

Ernährung, Ihre Konstitution und die Zeit

Kapha-Prakriti-Menschen reagieren in der Kindheit, wenn wir mehr Kapha-bestimmt sind, besonders empfindlich gegenüber Kapha-Störungen und leiden häufiger als andere unter Kapha-typischen Beschwerden. Babys bekommen besonders viel Milch, die ein Übergewicht an Kapha aufweist, und neigen deshalb zu Erbrechen und verstopften Atemwegen. Bildlich gesprochen unterdrückt das unausgewogene Kapha die Pitta-Energie — so wie Wasser und Erde das Feuer ersticken. Abhilfe schaffen hier Zusätze, in denen das Element Feuer überwiegt, wie Knoblauch, Ingwer, Pfeffer oder Bockshornklee in der Nahrung der Mutter oder etwas Basilikum und Pfeffer in der Baby-Milch.

In der Jugend sind wir mehr Pitta-bestimmt, und Menschen, die ohnehin eine Pitta-Dominanz aufweisen, müssen sich in dieser Phase ganz besonders vor Pitta-Störungen in Acht nehmen. Sie neigen zu Hautausschlag, Akne, Zornesausbrüchen oder Unlust, und eine Ernährung, in der das Element Feuer überwiegt, würde die Probleme nur noch verstärken. Nahrungsmittel dagegen, die ihrer ayurvedischen Natur nach kalt sind, wie Reis, Milch oder Anis, und Substanzen mit bitterem Rasa beugen den Problemen einer Pitta-Störung vor.

Mit den Jahren überwiegt mehr und mehr die Vata-Energie, und allein aus diesem Grund müssen wir unsere Ernährung allmählich umstellen. Insbesondere bei Vata-bestimmten Personen, die womöglich Ernährung und Lebensstil nie richtig ihrem Prakriti angepasst haben, zeigen sich die Konsequenzen in dieser Lebensphase. Aus diesem Grunde treten dann bei so vielen Menschen jenseits der 50 typische Vata-Beschwerden wie Bluthochdruck, Schlaflosigkeit, Hämorrhoiden, allgemeine Schmerzen oder Arthritis auf, die sämtlich das Resultat von lang anhaltenden Vata-Störungen sind. Durch eine rechtzeitig angepasste Ernährungsweise könnten wir uns ohne großen Aufwand gegen solche Erkrankungen schützen, die auf ein im Grunde selbst verschuldetes Ungleichgewicht zurückzuführen sind. Halten wir also fest, dass wir unsere Ernährung unserem Alter entsprechend anzupassen haben und dabei die Besonderheiten unserer individuellen Konstitution berücksichtigen müssen.

Anhand ihres überwiegenden Rasas können wir Nahrungsmittel ihrer ayurvedischen

Natur nach auf vereinfachende Weise in drei Gruppen einteilen, nämlich ob sie hauptsächlich die Eigenschaft heiß, kalt oder in sich ausgewogen aufweisen (siehe Tabellen auf S. 40ff.). Wenn wir zum Beispiel an kalten Wintertagen vorwiegend Nahrung zu uns nehmen, die ihrer Natur nach ebenfalls kalt ist, geht hiervon eine nachteilige Wirkung aus; umso mehr gilt dies für Kinder, Ältere und solche Menschen, die ohnehin schon ein Kapha- oder Vata-Prakriti besitzen. Umgekehrt sollte man Nahrungsmittel, die ihrer Natur nach heiß sind, im Hochsommer mittags eher meiden, um Problemen einer Pitta-Störung vorzubeugen; dies betrifft insbesondere Jugendliche und Menschen mit einem Pitta-Prakriti.

Wo essen Sie was?

Das Klima in den Bergen weist ein Übermaß an Vata-Kapha auf, in Küstenregionen dagegen überwiegt Kapha-Pitta. Waldgebiete sind Vata-bestimmt und in Wüstengebieten herrscht Vata-Pitta vor. In der Ebene sind die Energien ausgeglichen. Auch hier ist es offenkundig, welche Bedeutung geografische und klimatische Faktoren für unsere Ernährung haben.

Der Einfluss der Faktoren Lebensalter, Tageszeit und Klima auf die Grundenergien ist in der Tabelle auf S. 35 zusammengefasst.

Ernährung, Konstitution, Zeit und Ort

Wir wollen jetzt betrachten, wie wir unsere Ernährung an die Faktoren Konstitution, Zeit und Ort insgesamt anpassen müssen, was wir also unter ganz spezifischen Umständen geeigneterweise essen. Wenn wir zum Beispiel in den Bergen leben, so sollte unsere Ernährung in ausreichendem Maße Bestandteile aufweisen, die ihrer Natur nach heiß sind, damit wir Vata-Kapha-Störungen vermeiden. Dies gilt insbesondere dann, wenn wir Vata-Prakriti oder schon älter sind und im Winter ein kalter Wind geht. Auch Kinder müssen vor einer möglichen Kapha-Störung geschützt werden.

Ziehen wir an einen anderen Ort, haben wir uns dort den neuen natürlichen Bedingungen anzupassen, andernfalls kann ein Ungleichgewicht drohen, selbst dann, wenn wir uns ansonsten entsprechend unseres Veranlagungstyps, des Alters sowie der Tages- und Jahreszeit richtig ernähren. Hierzu brauchen wir nicht die gesamte Ernährung umzustellen; häufig reichen kleinere Anpassungen in der Verwendung von Kräutern und Gewürzen bereits aus. Kommen wir zum Beispiel von der Ebene in bewaldetes Bergland, so müssen wir häufiger Getreideprodukte als früher essen und mehr Ingwer, Knoblauch, Bockshornklee oder dergleichen verwenden. Auf ähnliche Weise haben wir die Eigenheiten von Küstengebieten mit ihrer Dominanz von Kapha-Pitta oder Wüstengebieten mit ihrer Dominanz von Vata-Pitta zu beachten.

Ernährungsweise in besonderen Situationen

In gleicher Weise müssen wir unsere Ernährung auch wechselnden Situationen anpassen, je nachdem, ob wir einen sehr betriebsamen oder sehr ruhigen Tagesablauf haben und ob uns nach einem Wetterwechsel, auf der Reise oder aufgrund beruflicher Belastung ein Unwohlsein befällt. Ähnlich gelagert sind Fälle, in denen als Folge eines inneren Energieungleichgewichts oder aus äußeren Gründen wie Viren und Bakterien, Verletzungen und Schockzuständen leichtere Erkrankungen auftreten. Dies ist ein umfassender Komplex, den ich im Rahmen dieses Buches nicht erschöpfend behandeln kann. Aber ein wichtiges Thema, nämlich Erschöpfungszustände, von denen die meisten Menschen gelegentlich auf die eine oder andere Art betroffen sind, sollten wir uns genauer anschauen. Gemäß der ayurvedischen Lehre müssen wir bei Erschöpfung die Abwehrkraft und Vitalität des Körpers, unser Ojas verbessern, denn bei starkem Ojas fühlen wir uns vital und kräftig. Hierfür verwendet man in der Ernährung so genannte Rasayanas, Nahrungsmittel, in denen Rasas in konzentrierter Form auftreten. Ein starkes Rasayana ist zum Beispiel Knoblauch. Kümmel, Koriander, Kurkuma (Gelbwurz), Ingwer, Basilikum, Kardamom und Safran sind ebenfalls Rasayanas. Daneben sorgt eine ausgewogene Ernährung dafür, das Gleichgewicht wiederherzustellen und das Ojas zu steigern. In anderen Veröffentlichungen habe ich bereits verschiedene Rezepte zur einfachen Zubereitung von Rasayanas aus üblichen Ayurveda-Kräutern und anderen Zutaten vorgestellt. Die Rezepte in diesem Buch sind so angelegt, dass sie regenerierende Mahlzeiten ergeben, die das Ojas erhöhen.

Der Einfluss von Tageszeit, Alter und Klima auf das Prakriti

GRUNDENERGIE	TAGESZEIT	ALTER	KLIMA
KAPHA	Morgen Abend	Kindheit	feucht-kalt
PITTA	Mittag Mitternacht	Jugend	trocken-heiß
VATA	Nachmittag Nacht	Erwachsenenalter	trocken-kalt windig

Das sollten Sie wissen: Feucht-heißes Klima fördert Pitta-Kapha.

Wie und wie viel sollen wir essen?

In der Ayurveda-Esskultur gibt es auch einige Regeln dafür, wie man essen sollte. So kann zum Beispiel das Essen im Gehen oder Stehen und mit Ärger im Bauch ebenso zu Beschwerden führen wie zu viel und zu häufig zu essen. In der Tat ziehen sich gerade auf diese Weise viele relativ wohlhabende Menschen Erkrankungen zu. Dies gilt sogar für eine eigentlich ausgewogene ayurvedische Mahlzeit, die sich u. U. nachteilig bemerkbar macht, wenn man zu viel davon isst oder sie zu häufig und in angespanntem Zustand einnimmt. Deshalb ist es wichtig, im Alltag auch diesen Aspekt der Ayurveda-Esskultur zu beachten.

Wichtige Grundregeln der Ayurveda-Esskultur

- Servieren Sie eine Mahlzeit in angenehmer Atmosphäre und auf ästhetisch ansprechende Weise.
- Essen Sie niemals bei Stress oder großer Unruhe. Besser halten Sie dann einen Moment ein, atmen ein paar Mal tief durch, waschen sich das Gesicht mit kaltem Wasser und setzen sich erst danach bequem an den Tisch.
- Konzentrieren Sie sich auf das Mahl, das Ihnen Energie spendet, bevor Sie anfangen zu essen. Schauen Sie die Speisen genau an und wünschen Sie, die fünf Elemente mögen Ihnen Gleichgewicht, Kraft und Gesundheit bringen. Sie können auch ein kleines Gebet sprechen.
- Essen Sie nicht zu langsam oder zu schnell und beherzigen Sie den Satz: »Mit vollem Mund spricht man nicht.«
- Nach der ayurvedischen Lehre sollte man eigentlich erst eine Stunde nach dem Essen etwas trinken. Wenn überhaupt nötig, trinken Sie beim Essen nur wenig, Säfte und Milch überhaupt nicht. Wein oder Bier sollte von bester Qualität sein und nur in Maßen genossen werden. Wasser ist natürlich das Beste.
- Essen Sie nichts, bevor eine Mahlzeit nicht vollständig verdaut ist, dies wäre schädlich für den Körper. Nehmen Sie Ihre nächste Mahlzeit erst wieder nach vier Stunden ein. Auch Kleinigkeiten wie Obst oder Schokolade müssen den vollständigen Verdauungsprozess durchlaufen. Also: nichts zwischendurch!
- Viele Menschen machen sich krank, indem sie zu viel essen. Sie sollten nur so viel essen, dass der Magen nicht mehr als zu zwei Dritteln gefüllt ist, d.h. Sie hören schon auf zu essen, wenn Sie angenehm gesättigt sind, im Magen aber noch etwas Platz ist. Denn die drei Grundenergien benötigen diesen Platz für die Verdauung, und wenn der Magen zu voll ist, würden sie sozusagen herausgedrängt. Dies könnte zu einer Störung führen und Verdauungsprobleme auslösen. Außerdem wäre Amadosha eine mögliche Folge. Hiermit bezeichnet man die nur teilweise verdauten oder unverdauten Nahrungsbestandteile in Magen und Darm, die letztlich im ganzen Körper zu Vergiftun-

gen führen können. Aus diesen Gründen muss man auch bei der Menge, die man isst, diszipliniert sein.

✸ Nach dem Essen sollte man Duschen, Baden und größere körperliche Anstrengungen vermeiden, denn dadurch beeinträchtigt man Vata. Ein kleiner Spaziergang nach dem Abendessen tut dagegen immer gut, mit Duschen und Baden wartet man am besten zwei bis drei Stunden.

Auberginenblüte

Die Ayurveda-Küche leicht gemacht

Wir wachsen in einem bestimmten Kulturkreis heran und nehmen von unserer Umgebung vieles auf, ohne groß nach dem Wieso und Warum zu fragen. Die Ayurveda-Küche ist in Indien seit Jahrtausenden Teil des Alltags, und man folgt ihren Regeln auf einfachere und praktischere Art, als es die medizinisch orientierten Texte tun. In dieser vereinfachenden Sichtweise sind Nahrungsmittel entweder heiß oder kalt – heiße Kost erhöht die Pitta-Energie, kalte Vata, Kapha oder beide. Ferner gibt es einige Nahrungsmittel, in denen die drei Grundenergien in einem natürlichen Gleichgewicht auftreten. Solche bereits in sich harmonischen Nahrungsmittel sollte man häufig verwenden; sie eignen sich besonders, wenn man sich schwach und erschöpft fühlt, speziell während einer Krankheit und in der Erholungsphase. Heiße und kalte Nahrungsmittel hingegen müssen erst miteinander in Ausgleich gebracht werden, damit in einer Speise ein Gleichgewicht entsteht. Solche Nahrungsmittel sollte man nie ohne ausgleichende Gewürze und Kräuter und nicht im Übermaß zu sich nehmen.

Diese Art der Unterscheidung können wir auch auf das Prakriti übertragen. Heiß entspricht einem Pitta-Prakriti, kalt einem trocken-kalten Vata-Prakriti oder einem nass-kalten Kapha-Prakriti, wobei unter besonderen Umständen wie Erschöpfung, Krankheit, Wetterumschwung oder Ähnlichem auch entgegen dem Prakriti zeitweilig ein heißer oder kalter Zustand auftreten kann.

Am wichtigsten ist es, zunächst für eine allseits ausgewogene Mahlzeit zu sorgen, denn das ist für alle Arten von Prakriti gut und auch dazu geeignet, Störungen im Organismus allmählich zu beseitigen. Ist jedoch ein größeres Ungleichgewicht oder ein kleineres gesundheitliches Problem aufgetreten, so hat die Ayurveda-Küche auch hierfür besondere Zutaten zur Hand, mit denen man Abhilfe schaffen kann. Man gibt zum Beispiel bei Menstruationsschmerzen täglich zusätzlich einen halben Teelöffel Kalonji in Suppe oder Gemüse. Stillende Mütter haben mehr Milch, wenn sie ihrem Essen Kalonji, getrockneten Ingwer und Bockshornklee hinzufügen. Verspürt man bei Pitta-Prakriti oder -Störung zu große Hitze im Körper, würzt man sein Essen verstärkt mit Anis, Süßholz und Koriander. Bei Kapha-Prakriti oder -Störung dagegen isst man scharf gewürzte Speisen und vermeidet süße und fettreiche Sachen.

Oft werde ich gefragt, wie man dann bloß für eine ganze Familie kochen kann, in der doch Menschen mit verschiedenen Konstitutionen zusammen essen. Ich bin in einer Großfamilie aufgewachsen, die in etwa sechs Kleinfamilien entsprach. Dort gab es ein ausgewogenes Ayurveda-Essen für alle, und nur diejenigen Familienmitglieder, die etwas Besonderes benötigten, bereiteten diese Zutaten in etwas Butterfett getrennt zu und fügten es den anderen Speisen hinzu. Ich erinnere mich, dass mein Großvater in seinem Dal immer mehr Asafötida und Knoblauch haben wollte, meiner Großmutter aber der Geruch von beidem überhaupt nicht gefiel. Wegen ihrem Pitta-Prakriti zog sie nämlich milde und süße Zubereitungen vor, während der Großvater sein Vata ausgleichen und regenerative Kost zu sich nehmen wollte.

In vielen neueren Büchern sind Theorie und Praxis der Ayurveda-Ernährung nicht richtig wiedergegeben. Ayurveda schreibt eben nicht vor, dass bei einer bestimmten Konstitution nur ganz bestimmte Nahrungsmittel gegessen werden sollten, andere wiederum nicht. Wenn dem so wäre, worin läge dann die Kunst des Ausgleichs? In Wirklichkeit leitet Ayurveda uns an, mit welchen Zutaten wir zum Beispiel unser Lieblingsgericht am besten zubereiten, sodass es uns keinerlei Nachteile bereitet. Wenn ein Kind am liebsten Kartoffeln mag, aber ein Pitta-Prakriti hat, so balancieren die Eltern die heiße Kartoffel einfach mit Anis und Koriander aus und sorgen ansonsten dafür, dass es daneben zum Ausgleich mehr kalte Nahrungsmittel isst, zum Beispiel Möhren und Kürbis oder einen Nachtisch mit süßen Früchten und Sahne.

In der Praxis ist es nicht so einfach, die Elemente in jedem Rasa zu beachten. Die einfache Methode, ausgewogene ayurvedische Ernährung vorzubereiten, gründet sich auf die kalte, heiße oder ausgeglichene Natur ayurvedischer Nahrungsmittel. Kalte Nahrungsmittel verstärken entweder Kapha- oder Vata-Energie oder beides, während heiße Nahrungsmittel die Pitta-Energie verstärken. Wir sollten heiße Nahrungsmittel mit kalten ausgleichen und versuchen, mehr von ihrer Natur her ausgewogene Nahrungsmittel zu essen.

Ich habe noch zwei weitere Nahrungsmittel-Kategorien eingeführt, die der schwer verdaulichen und antagonistischen Nahrungsmittel. Die schwer verdaulichen Nahrungsmittel sollten nicht oft gegessen werden und in Kombination mit ihrer Natur nach ausgeglichenen Nahrungsmitteln. Die antagonistischen Nahrungsmittel sollten völlig vermieden werden.

Bei den ihrer Natur nach kalten Nahrungsmitteln habe ich speziell die aufgeführt, die besonders viel Vata-Energie enthalten und die mit Gewürzen ausgeglichen werden müssen, die ihrer ayurvedischen Natur nach heiß sind.

Ihrer Natur nach kalte Lebensmittel

Getreide	Weizen, Reis, Mais (fördert Vata), Gerste (fördert Vata), gemeine Hirse und italienische Hirse (fördert Vata), Masur-Bohnen (rote Linsen, fördern Vata), junge Erbsen, reife Erbsen (stark Vata-fördernd), Kichererbsen.
Gemüse	Spinat, Kohl, Rosenkohl (Vata), Okra, grüne Bohnen, Bitterkürbis (Gourd), Endivien, Fenchel, Auberginen, Zwiebeln, Sellerie, Gurken, Rote Beete, süße Paprika (ohne Samenkörner), Löwenzahn, Spargel.
Obst/Früchte	Äpfel (süß), Bananen, Birnen, Aprikosen, Guaven, Honigmelonen, Wassermelonen, Feigen.
Milchprodukte	Milch, Ghee, Butter.
Fleisch/Fisch	Lamm, Frosch, Meeresfrüchte, Salzwasserfisch.
Kräuter/Gewürze	Gewürznelken, Koriander, Fenchel, Anis, Dillblätter (nicht der Samen), Süßholz.
Sonstige	Zucker.

Ihrer Natur nach heiße Lebensmittel

Getreide	Uradbohnen, Sojabohnen.
Gemüse/Salat	Kressesalat, Kartoffeln, Blumenkohl, Tomaten.
Obst/Früchte	Orangen, Grapefruit, Zitronen, Trauben (nicht sehr süß), Pfirsiche, Pflaumen, Kiwis (insbesondere die schwarzen Kerne), Nüsse (Mandeln, Erdnüsse, Haselnüsse, Walnüsse, Pinienkerne und andere), saure Äpfel.
Milchprodukte	Joghurt, Käse.
Fleisch/Fisch	Schwein, Rind, Pferd, Süßwasserfisch.
Kräuter/Gewürze	Großer Kardamom, Kümmel, Zimt, schwarzer und weißer Pfeffer, Bockshornklee, Kalonji, Knoblauch, Basilikum, Dillsamen, Ajwain, Senfkörner, Muskatnuss, Minze.

Ihrer Natur nach ausgewogene Lebensmittel

Getreide	Fingerhirse, Mungbohnen, frisch keimende Kichererbsen.
Gemüse	Möhren, Steckrüben, Radieschen (nicht überreif), Zucchini, Kürbis (gerade reif).
Obst/Früchte	Süße Mango, Papaya, Granatäpfel, süße Trauben.
Fleisch/Fisch	Wild, Ziege, Hähnchen.
Kräuter/Gewürze	Kleiner Kardamom, Ingwer, Kurkuma.

Schwer verdauliche Nahrungsmittel

Vegetarisch	Urdbohnen, überreife Erbsen, Pflanzenfett, Nüsse und mit Nüssen zubereitete Gerichte, Nahrungsmittel oder Zubereitungen mit extrem sauren, scharfen, süßen, bitteren, zusammenziehenden oder salzigen Geschmacksarten, überreichlicher Genuss von unreifem oder überreifem Obst und Gemüse, Joghurt (wenn mehrmals täglich, besonders abends genossen).
Nicht-vegetarisch:	Schweinefleisch, Rindfleisch, Fleisch von unter Stressbedingungen gehaltenen Tieren, tierisches Fett.

Antagonistische Nahrungsmittelkombinationen

Milch mit sauren Sachen, Rettich, Wassermelone oder Fisch.

Kalte Getränke bei fettigem Essen.

Honig in heißen Getränken unmittelbar nach Verzehr von Honig.

Den normalen Ernährungsgewohnheiten entgegengesetzte Diät.

Sehr heiße und sehr kalte Gerichte oder Getränke gleichzeitig.

Nicht der Tageszeit, dem Ort oder Konstitutionstyp entsprechendes Essen.

Übermäßig salziges, süßes, saures usw. Essen (extrem einseitige Geschmacksart).

Die ayurvedische Natur wichtiger Nahrungsmittel

	KALT	AUSGEWOGEN	HEISS
GETREIDE	Weizen, Reis, Mais rote Linsen Nudeln Brot	Mungbohnen keimende Kichererbsen	Sojabohnen Uradbohnen
GEMÜSE	Spinat, Kohl Rosenkohl Endivien, Fenchel Auberginen Zwiebeln, Sellerie Gurken, Rote Beete grüne Bohnen weiße Bohnen Paprika, Rucola Okra, bitterer Gourd Lauch, Erbsen	Möhren Zucchini Kürbis Steckrüben	Kresse Kartoffeln Blumenkohl Tomaten
OBST/FRÜCHTE	Äpfel Bananen Birnen Aprikosen Feigen	Mango Papaya Granatäpfel Trauben Kirschen	Orangen Grapefruit Zitronen Pfirsiche Pflaumen Kiwis Nüsse saures Obst
MILCHPRODUKTE	Milch Butter		Joghurt Käse
FLEISCH/FISCH	Meeresfrüchte Lamm	Hähnchen Ziege Wild	Schwein Rind Süßwasserfisch
KRÄUTER/GEWÜRZE	Koriander, Ingwer Fenchel Anis Dillblätter Süßholz Gewürznelken	Pfeffer, Kümmel Kurkuma kleiner Kardamom	Zimt, Muskatnuss Knoblauch, Minze Basilikum Dillsamen, Safran großer Kardamom Bockshornklee Senfkörner Kalonji Ajwain
SONSTIGE	Zucker		Honig Pflanzenöl Eier Kaffee, Wein

In haltbar gemachten und weiterverarbeiteten Lebensmitteln richten sich die ayurvedischen Eigenschaften weniger nach ihrer ursprünglichen Natur als danach, wie die Zutaten eingesetzt wurden und was wir daraus gemacht haben. Man kann zum Beispiel Kekse aus Grieß mit Butter oder Ghee und Zucker backen. Nach den ayurvedischen Regeln sind die Kekse dann trocken und kalt und *basa* und bringen Vata in Ungleichgewicht. Insbesondere bei häufigem Genuss schädigt kaltes Fett Vata und Kapha. Mit denselben Zutaten kann man aber auch ein frisches, warmes Gericht zubereiten, das dann sogar Vata beruhigt.

Denken wir an die Jahreszeiten, so brauchen wir im Sommer mehr kalte Nahrungsmittel und verwenden entsprechend weniger heiße Lebensmittel, insbesondere Gewürze wie Bockshornklee, Dill, Knoblauch oder Kalonji; zumindest aber gleichen wir deren Wirkung mit kühlenden Zutaten wie Anis, Fenchel, Koriander oder Nelken wieder aus. Im Winter stellen wir unsere Ernährung in der entgegengesetzten Weise um. Wir sollten auch bedenken, dass ein und dasselbe Nahrungsmittel je nach Zubereitung und nach Jahreszeit völlig entgegengesetzte Effekte auslösen kann. Kalte Milch mit Zucker zum Beispiel ist im Sommer sehr angenehm kühlend und hilft auch bei übermäßig gewürzten Speisen oder gegen einen sauren Magen. Bei Kälte dagegen hat sie eine Kapha-störende und harntreibende Wirkung und kann bei dauerndem Genuss Kapha-typische Beschwerden verursachen. Deshalb sollte man im Winter besser warme Milch mit Safran trinken; dann wirkt Milch regenerierend und verhindert Erkältungen.

Man sollte also in der Ernährung immer daran denken, dass gesund ist, was Harmonie und Gleichgewicht im Organismus fördert, und ungesund alles, was dieses Gleichgewicht beeinträchtigt.

Alkohol und Tabak

Wie bereits erwähnt, empfiehlt die ayurvedische Lehre, bei Wein und Bier maßvoll und qualitätsbewusst vorzugehen. Auch im alten Indien konnte man aus vielerlei gesundheitsfördernden und regenerierenden Pflanzen Wein machen. Zum Konsum von Alkohol möchte ich folgende Ratschläge geben:

- Trinken Sie nur gute alkoholische Getränke und dafür weniger, nicht mehr als zwei Glas pro Tag. Besonders für den Magen und die Nerven ist Alkohol schädlich, wenn man ihn häufig konsumiert. Trinken Sie lieber gutes Wasser als schlechte alkoholische Getränke.
- Achten Sie genau auf die Wirkung, die ein bestimmtes alkoholisches Getränk hervorruft. Aufgrund der manchmal verwendeten chemischen Farb- und Geschmackszusätze kann es zu allergischen Reaktionen und anderen Nebeneffekten kommen. Bei manchen Getränken führen schon kleine Mengen zu Kopfschmerzen.
- Trinken Sie Alkohol nie auf leeren Magen, sondern zu einer Mahlzeit. Wenn Sie vorher einen Aperitif möchten, essen Sie dazu auf jeden Fall eine Kleinigkeit. Auf einen leeren Magen getrunken, greift Alkohol das Zellgewebe der Magenwände an; dies kann zu Magengeschwüren und anderen Problemen führen.
- Alkoholische Getränke wirken stark Pitta-erhöhend. Menschen mit einer Pitta-Veranlagung müssen sich daher vor Nebenwirkungen besonders in Acht nehmen.
- Alkoholische Bittergetränke sind meist besser verträglich, da von Bitterstoffen wie Wermut oder Absinth eine Gegenwirkung zum Alkohol ausgeht.
- Vermeiden Sie sauren Wein. Denken Sie daran, dass eine einzelne Rasa im Übermaß genossen schädlich ist.
- Trinken Sie nach dem Essen nicht weiter. Einen Verdauungsschnaps braucht man nicht, ein Schuss Fruchtlikör im Dessert tut es normalerweise auch. Einen kleinen Cognac kann man sich vielleicht mal auf Trekking-Touren, bei großer Kälte oder bei niedrigem Blutdruck genehmigen.

Tabak wird vielfach nicht als Lebensmittel angesehen, aber im Ayurveda wird alles, was dem Körper zugeführt wird, als Nährstoff betrachtet. Tabak wird meist geraucht, einige kauen ihn auch. Er kam erst aus der Neuen Welt nach Indien, und früher hatte man für das zeremonielle Rauchen zur Entspannung einige andere Pflanzenarten empfohlen. Auf jeden Fall sollte man nur sehr wenig Tabak verwenden.

In einigen Fällen wird Rauchen als Heilmittel empfohlen, zum Beispiel kann es bei bestimmten Krankheiten und Verdauungsproblemen hilfreich sein.

Zusammenfassend möchte ich betonen, dass es wichtig ist, bei allem, was man zu sich nimmt, auf die Wirkung zu achten. Wenn Sie sich unwohl fühlen sollten, versuchen Sie sich im Einzelnen daran zu erinnern, welche Nahrungsmittel Sie in welcher Kombination gegessen haben. Sollte ein bestimmtes Nahrungsmittel Ihnen tatsächlich nicht bekommen, so meiden Sie es künftig oder bereiten es so zu, dass der nachteilige Effekt ausgeglichen wird. Denken Sie daran, dass nichts zu viel oder zu häufig genossen werden sollte. Nichts ist nur gesund oder nur ungesund, es kommt vielmehr darauf an, sich entsprechend den zeitlichen und örtlichen Umständen und gemäß seines Prakriti zu ernähren.

Nahrung als Nektar oder Gift

Das Gleichgewicht in der Ernährung ist wichtig für Gesundheit und Harmonie, denn eine unausgewogene Ernährungsweise kann zu Vikriti führen. Einige Fallbeispiele sollen zeigen, wie man sich aus Unwissenheit selber Schaden zufügen und seine Lebenskraft und sein Aussehen beeinträchtigen kann.

Ein junger Mann, der als Lieferbote arbeitete, kam einmal zu mir und suchte medizinischen Rat für seinen Haarausfall. Er erzählte mir, er sei noch nicht verheiratet und wenn er kahlköpfig wäre, würde ihn keine Frau mehr heiraten. Er wirkte recht verzweifelt und nahm sofort ein Haaröl, das ich gegen Haarausfall selbst zubereitet hatte. Ich sagte ihm, äußerliche Behandlung allein könne nicht viel ausrichten und ich müsse erst mehr über seine Lebensumstände und Ernährungsweise wissen. Später fragte ich ihn nebenbei, was er gewöhnlich zum Frühstück zu sich nähme, worauf er antwortete, er esse immer vier bis fünf Eier und Brot. Der Grund für seinen Haarausfall lag damit auf der Hand: Eier sind heiß, und an einem heißen Ort wie Delhi baut sich dadurch zu viel Hitze im Körper auf. Pitta-Störungen verursachen Haarausfall, Falten und unreine Haut; solche Probleme werden Ihnen bekannt sein.

Eine junge Dame, die zwar attraktiv aussah, aber farb- und lustlos wirkte, kam zur Konsultation zu mir und klagte, dass ihr seit Monaten trockene Haut, Unruhe und schlechter Schlaf zu schaffen machten. Dies sind alles Symptome einer Vata-Störung, und es stellte sich heraus, dass sie eine amerikanische Diät machte, nach der sie überhaupt kein tierisches Fett essen durfte. Unser Körper braucht aber beides, pflanzliche und tierische Fette. Tierisches Fett ist in Fleisch, Butter, Ghee, Milch, Käse, Quark und anderen Milchprodukten enthalten. Mangel an tierischem Fett im Körper schädigt Vata und verursacht eine Reihe Vata-typischer Beschwerden.

Viele Menschen leiden unter Leberproblemen. Sie essen zu viel Fett, verzehren unbekömmliche Dinge oder trinken sehr viel Alkohol. Das wirkt sich natürlich auf die Leber und das Gewicht aus. Leberprobleme führen zu weißen oder braunen Flecken auf der Haut.

Auch über Magenprobleme klagen viele Menschen. Sie leiden dann meist an Amadosha; dies behindert die Magentätigkeit und führt zu Verunreinigungen im Blut, wodurch wiederum Hautprobleme verursacht werden. Ama baut sich im Körper auf, wenn man zu viel, zu oft oder Unbekömmliches isst. Ist dies der Fall, so nimmt man für einige Tage mit etwas Ghee gekochte Kost zu sich und hält sich an die oben erwähnten Vorsichtsmaßnahmen. Hält Amadosha über längere Zeit an, benötigen Sie eine spezielle Heilbehandlung, da eine Ernährungstherapie alleine nicht ausreicht.

Ihr Speiseplan bei Vikriti

Jede Konstitution kann von Vikriti betroffen sein, im Allgemeinen ist es aber die bestimmende Grundenergie, die geschädigt wird. Wenn Sie zum Beispiel ein Vata-Prakriti haben, wird ihre Vata-Energie leicht durch windiges Wetter und Kälte oder kalte, trockene und konservierte Kost gestört. Sie können aber auch eine Kapha-Störung bekommen, wenn Sie nämlich bei nass-kaltem Wetter zu viel Fettreiches, Reis oder Schokolade essen; Sie spüren dann einen süßen Geschmack im Mund, fühlen sich matt oder zeigen andere typische Symptome. Anderseits können zu scharfes und zu saures Essen oder zu viel Knoblauch zu einem Pitta-Vikriti führen. Es ist also wichtig, dass Sie sich selbst genau zu diagnostizieren lernen, damit Sie Ihre Ernährungsweise gezielt umstellen können. Für jeden der drei Fälle habe ich einen eigenen Speiseplan zusammengestellt.

Bei Vata-Vikriti muss man häufig gähnen, hat einen trockenen Hals, Schmerzen an Körper und Gliedern, Verdauungsprobleme oder man fühlt sich erschöpft. Dagegen helfen warme Getränke, am besten heißes Wasser mit Kardamom. Warme und flüssige Nahrung ist sehr empfehlenswert, zum Beispiel morgens ein warmer Möhren- oder Grießbrei. Vermeiden Sie alles Kalte. Bei Vata-Störungen ist auch eine fettreichere Nahrung wichtig; verwenden Sie deshalb mehr Ghee. Essen Sie keine Linsengerichte und kein Getreide außer Weizen. Verwenden Sie die auf S. 74f. erläuterten Gewürzmischungen B, D und F.

Gegen eine Pitta-Störung helfen kaltes Wasser und Säfte aus Fruchtsirup wie Brahami-, Mandel- und Khas-Khas-Sirup; sehr empfehlenswert ist auch kalte Milch. Essen Sie ferner Papaya, süße Trauben, Bananen, Birnen, süße Äpfel, Aprikosen und anderes süßes Obst. Würzen Sie Ihr normales Essen nicht mit Pfeffer, Knoblauch oder Dillsamen, sondern mit Fenchel, Koriander, Kardamom oder frischem Ingwer, und verwenden Sie Gewürzmischung C zur Senkung der Hitze im Körper.

Menschen mit Kapha-Prakriti erleiden oft Vikriti durch zu fettreiche und süße Kost, die Vatta- oder Pitta-geprägte Personen weniger beeinträchtigt. Sie werden dann schwerfällig und antriebsschwach. Ihre Balance finden sie wieder mit Ingwer, Knoblauch und Gewürzmischung D. Ferner sollten Sie viel Spinat, Gourd (Bitterkürbis) und Kartoffeln sowie Pfirsiche, Pflaumen, Orangen und Trauben essen, auf Milch und Milchprodukte dagegen verzichten. Verwenden Sie Pflanzenöl und die Gewürzmischung D.

Bei einer Störung der Grundenergien helfen auch verschiedene Teearten, die im Abschnitt »Getränke« beschrieben sind.

Sind Sie sich nicht sicher, welchen Speiseplan Sie im Einzelnen zusammenstellen sollen, wenn Sie sich unwohl fühlen oder Beschwerden haben, so essen Sie am besten eine einfache, leichte Kost mit in sich ausgewogenen Nahrungsmitteln (s. S. 41). Gehen Sie sparsamer mit Gewürzen um, essen Sie kleinere Portionen und geben Sie Ihrem Körper Zeit, sich zu erholen.

Prana — die Lebendigkeit in der Ernährung

Prana ist in Sanskrit das Leben selbst und bedeutet gleichzeitig Bewusstsein. Weil unser Körper eine Seele hat, verfügen wir auch über ein Bewusstsein, was aber Körper und Seele zusammenhält, das ist Prana. Prana ist die Energie des Universums, die wir atmen, und durch das Atmen halten wir Verbindung mit dem Universum. Wenn Prana aufhört, trennt sich die Seele vom Körper und wir sterben. Atmen ist deshalb mehr als nur die Mechanik der Aufnahme von Energie für den Körper, wie uns einige glauben machen wollen. In meinem Buch »Yoga und Ayurveda ...« (Urania Verlag) habe ich bereits ausgeführt, dass die Luft, die wir atmen, alle fünf Elemente des Universums umfasst, nicht nur das Element Luft selber.

Zum Leben brauchen wir nicht nur Luft, wir brauchen auch Nahrung. Mit unserer Nahrung führen wir unserem Körper laufend die fünf Elemente zu, die die drei Grundenergien Vata, Pitta und Kapha bilden, mit denen sämtliche physischen und geistigen Körperfunktionen ausgeführt werden. Aus ganzheitlicher Sicht versorgt die Nahrung uns aber nicht nur mit der notwendigen Energie, sondern enthält auch Prana-Energie in Form von Rasas, Farben, Aroma und Formen. Nicht allein der Kalorienwert zählt in unserer Nahrung, ebenso wichtig ist die subtile Energie der Lebendigkeit, des Prana. Auf diesen Aspekt der Lebendigkeit müssen wir in unserer Ernährung in doppelter Hinsicht achten, nämlich zum einen, dass sich ausreichend Prana in unseren Nahrungsmitteln überhaupt hat bilden können, und zum anderen, dass sich Prana schließlich bis in unsere fertig zubereitete Mahlzeit hat bewahren können. Unsere Nahrung, ob Pflanze oder Tier, war einmal ein eigener Organismus, der lebte, bevor er für unseren Verzehr vorbereitet wurde, der eigenen Charakter, Form, Aussehen und Farbe hatte und in der Lage war, sich zu vermehren.

Nehmen wir als Beispiel den Weizen, der das wohl am häufigsten gegessene Korn ist. Bevor er als Brot auf unseren Tisch kommt, war er Mehl, davor ganzes Samenkorn, das am Anfang noch an goldfarbenen Halmen hing. Man stelle sich all die Arbeit vor, die nötig ist, um das Korn zu säen und das wachsende Getreide zu pflegen, bis es reif ist. Jedes Stück frisches Brot, das wir essen, bringt uns etwas physische Energie, vermittelt uns aber auch ein Stück Lebendigkeit der Natur, gibt uns Prana. Prana Shakti oder die Kraft der Lebendigkeit des Getreides hängt von der Umgebung ab, in der es wächst. Wo das Prana selbst gestört ist, kann auch nur etwas mit gestörtem Prana oder ganz ohne Lebendigkeit wachsen. In verschmutzter Luft kann die Sonne der wachsenden Pflanze kein Prana verleihen, genauso wenig wie die Erde, wenn der Boden verseucht ist. Solche Störungen gehen aber nicht nur vom Menschen aus, auch Naturgewalten wie Hitze, Trockenheit oder Überschwemmung können einen solchen Effekt herbeiführen.

In der Ayurveda-Tradition gehen wir davon aus, dass es sich auf die Nahrung überträgt, wie Pflanzen gezogen und Tiere gehalten werden, und dass dadurch unsere körperliche und seelische Verfassung beeinflusst wird. Genauso wirkt sich das Gefühl und die Stimmung beim Kochen und Zubereiten von Speisen – ob es z. B. in Ruhe, mit Liebe und Hingabe geschieht – nicht nur auf den Geschmack, sondern auch auf unsere seelische Verfassung aus.

Auch diese subtileren Aspekte der Ayurveda-Esskultur sind für unsere Ernährungsweise wichtig und gehören zum ganzheitlichen Ansatz von Ayurveda. Seine Grundlagen dürfen nicht zu verengend und mechanisch betrachtet werden, so wie es in manchen Veröffentlichungen über das Kochen und Essen nach Ayurveda geschieht.

Die sechs Dimensionen unserer Ernährung

Wie wir gesehen haben, unterscheidet die ayurvedische Lehre bei unserer Nahrung die drei Grundenergien Vata, Pitta und Kapha und die drei Prakriti-Zustandsformen Sattva, Rajas und Tamas. Zerkochte und zu stark gewürzte Nahrung ist Tamas-erhöhend und führt bei uns ebenso zu Tamas-Symptomen wie z. B. in gereizter Stimmung (Tamas-Geisteseigenschaften) zubereitete Speisen. Einfach und ausgewogen zubereitete, gesundheitsfördernde Nahrungsmittel dagegen stärken das Sattva. Rajas-erhöhende Speisen sind mit vielen verschiedenen Kräutern, Gewürzen und anderen Zutaten zubereitet, die sie reichhaltig und köstlich machen. Überhaupt wirken alle Nährstoffe Rajas-erhöhend, die die Aktivität und Energie steigern und dem Bedürfnis nach sinnlichem Genuss entgegenkommen. Diese drei Prakriti-Zustandsformen sind jedoch nicht immer klar voneinander abgrenzbar; die Eigenschaften vermischen sich leicht, und außerdem hängt viel von der Art der Verarbeitung und Zubereitung ab. Zerkochte, zu stark gewürzte und nach einiger Zeit wieder aufgewärmte Speisen (*basa*) wirken im Organismus Tamas-erhöhend, ebenso überreifes Obst und Gemüse. Unabhängig von der Qualität eines Nahrungsmittels ist übermäßiger Genuss desselben immer Tamas-verstärkend.

Hauptsächlich Sattva-verstärkend sind Milch, Milchreis, Ghee, Zucchini, Kürbis, süßes Obst, Kokosnuss, Anis und Kardamom. Hochwertiges Fleisch, guter Wein, die meisten Gewürze und viele Früchte wirken Rajas-verstärkend. Stark riechende und schlaffördernde Nährstoffe und narkotische Substanzen dagegen sind Tamas-verstärkend, desgleichen Zwiebeln, zu ölige und zu fette Speisen, billiger Alkohol, Kaffee, Tabak und Drogen.

Diverse haltbar gemachte Produkte, Tiefkühlkost, Dosenware und nicht frisch gepresster Fruchtsaft sind ebenso Tamas-verstärkend wie mit chemischen Dünge- und Insektenmitteln behandelte Nahrungsmittel. Dies ist somit bei sehr vielen der in Industrieländern verfügbaren Lebensmitteln der Fall. Solche Produkte fördern in uns Tamas-Gedanken und machen uns träge, wenn wir sie verzehren, denn sie haben kein Prana und bringen uns nicht das, was wir im Ayurveda das Ojas nennen – Lebenskraft, Energie, Widerstandsfähigkeit.

Aus diesem Grund fühlen sich auch so viele immer müde, und sogar junge Leute sind oft blass und versprühen nicht die Energie, die man von ihnen eigentlich erwartet. Überall auf der Welt gibt es zu viele industrielle Nahrungsmittel und Schnellimbiss-Läden mit ungesundem Angebot. Mit viel Werbung werden bevorzugt einfache Menschen mit wenig Geld zum Verzehr solcher Produkte animiert. Glücklicherweise aber ist in dieser Hinsicht ein neues Bewusstsein erwacht, und man wird der Nachteile fehlgeleiteter Nahrungsmitteltechnologie mehr und mehr gewahr.

Die Ayurveda-Esskultur dagegen hat einen völlig anderen Ansatz; sie leitet uns an, die Lebendigkeit in unserer Nahrung zu erkennen und eine Beziehung zum Prana aufzubauen. Wir müssen mehr über die Nahrung in Erfahrung bringen, bevor sie auf unseren Tisch kommt, mehr wissen über die Pflanzen und Tiere, von denen wir uns ernähren. Wenn unsere Nahrung nicht unter guten Bedingungen heranwächst, dann wird sie uns auch kein Shakti, keine Lebenskraft vermitteln können. Zunehmend erkennt man jetzt die nachteilige Wirkung des Verzehrs von Fleisch gestresster Tiere. Ich vermute, dass dasselbe auch für Pflanzen gilt. Manche Pflanzen mögen gut gedüngt sein und von außen auch gesund aussehen, wurden sie aber unter unnatürlichen Bedingungen in einer von Lärm und Schmutz belasteten Umgebung gezüchtet, dann geben sie ihr Prana Vikriti an uns weiter. Dieses Vikriti macht sich vielleicht im Organismus nicht sofort bemerkbar, irgendwann aber werden wir es spüren. Nahrungsmittel aus einer gesunden und natürlichen Umgebung hingegen geben uns Prana Shakti, erhöhen unser Ojas, verleihen unserem Aussehen Frische und lassen uns widerstandsfähiger werden und effektiver arbeiten. Wir dürfen nicht vergessen, dass von Luft und Nahrung unsere wahre Lebensqualität abhängt. Ich erfahre Ähnliches oft in unserem Himalaya-Zentrum, wo das Gemüse organisch wächst und meist in einem Solarkocher gegart wird. Innerhalb von zwei oder drei Tagen fällt mir jedes Mal auf, wie sich mein Aussehen, meine Energie und auch mein Denken verändern, und ich habe den Eindruck, ich werde geduldiger und toleranter und kann zügiger arbeiten.

Die sechs Dimensionen unserer Nahrung stehen in enger Beziehung zu den sechs Dimensionen unseres eigenen Organismus. Mit unserer Nahrung können wir nicht nur unsere Widerstandskraft und Vitalität erhöhen, sondern auch unsere Gedankenwelt und unser Aussehen beeinflussen. Wenn Sie sich zum Beispiel sehr unruhig fühlen und nicht konzentrieren können, essen Sie mehr süße und fettreiche Dinge, da dies Symptome einer Vata-Störung sind. Vata ist aus Äther und Luft, die Bewegung und Weite bedeuten, so leicht und ohne Schranken wie unsere Gedanken. Beide Elemente kommen durch schwerere Elemente wie Wasser und Erde ins Gleichgewicht. Wenn Sie also zum Ausgleich mehr Nahrung mit diesen schweren Elementen zu sich nehmen, stabilisiert sich auch der Geist. Wir könnten auch sagen, dass der geistige Rajas-Zustand durch Sattva-erhöhende Nahrung wieder in Balance gebracht wird.

Zwiebeln z. B. sind Tamas-Nahrung, und der Schlaf ist ein Tamas-Zustand des Geistes. Deshalb werden Schlafstörungen auch traditionell mit Zwiebelsaft behandelt. Heutzutage gibt es einfach zu viele Dinge, die Rajas oder Tamas sind. Fernsehen schauen ist beides: Man sitzt still, bewegt sich selber nicht, betrachtet aber in schneller Folge ständig wechselnde Aktivitäten.

Gerade Kinder sind solchen Eindrücken oftmals zu sehr ausgesetzt. Sie werden deshalb zappelig, ihre Konzentration lässt schnell nach und sie sind anfälliger für Krankheiten. Wenn Kinder dann auch noch viel nährstoffarmes Essen und Cola-Getränke bekommen, werden diese Schwierigkeiten nur noch größer. Mit mehr Sattva-steigernder Nahrung wie Milch, Reis, Bananen, Mandeln oder Möhren werden Kinder dagegen etwas ruhiger. Natürlich hängt der Erfolg einer ausgewogenen Ernährungsweise auch vom Ausmaß der Probleme ab. Hat der Organismus gravierende und möglicherweise irreversible Schäden davongetragen, kann auch eine Ernährungstherapie nur wenig bewirken. Doch verschafft die Ayurveda-Enährung sogar Schwerkranken Linderung. Einfache Erkrankungen und Beschwerden hingegen können in der Ayurveda-Ernährungstherapie erfolgreich behandelt werden.

Wie wir unsere Ernährung bereichern

Obst und Gemüse, das wir auf dem Markt frisch vom Bauernhof bekommen, sieht ganz anders aus als das im Supermarkt. Künstlich gereift und in Plastik verpackt, erscheint es weniger frisch und lebendig. Den Anblick lebendiger Frische dagegen empfinden wir selber als belebend, denn sie ist Ausdruck von Prana. Obst und Gemüse wachsen in ständigem Kontrast mit Schmetterlingen, Vögeln, Regenwürmern und Insekten, Wind und Sonne, Tau und Regen, Tag und Nacht heran. Eine reife Gurke, Mango, Banane oder Apfelsine gibt ein Teil des lebendigen Universums an uns weiter. Wenn wir im Obst- und Gemüseanbau alle Insekten und anderen kleinen Lebewesen vernichten oder klimakontrollierte Gewächshaussysteme verwenden, findet die Energie des Universums nicht über die Nahrung zu uns.

Man wird nicht immer frisches Obst und Gemüse bekommen können. Umso mehr sollten wir dann darauf achten, unsere Speisen mit vielen Kräutern und Gewürzen anzureichern. Frische Kräuter wie Basilikum, Koriander, Bockshornklee oder Dill kann man sehr leicht selbst im Topf ziehen und auf diese Weise frische kosmische Energie in die Mahlzeiten bringen.

Dies alles ist der Hintergrund für meine Rezepte, die ich in diesem Buch vorstelle. Die vielen verschiedenen Zutaten, die ich verwende, sind meist auch im modernen wissenschaftlichen Sinne gesund, weil sie viel Vitamine, Mineralien und wichtige Spurenelemente enthalten. Aus der Sicht von Ayurveda enthalten sie außerdem alle fünf Elemente des Universums und vermitteln uns Prana, die Dynamik des Kosmos. Stellen Sie immer sicher, dass Ihre Nahrung nicht leblos wird und genügend Prana hat. Wie bereits erwähnt, spielen hierbei neben den Eigenschaften der Zutaten auch Energie und Gefühle des Kochs oder der Köchin eine Rolle. In Kantinen und Restaurants werden oft Zutaten mit wenig Prana-Energie verwendet und mechanisch oder lieblos zubereitet. Das richtige Kochen dagegen vermittelt uns Prana, wie wir es als die persönliche Wärme erfassen, mit der Mutter oder Großmutter unser Lieblingsessen gekocht haben. Also konzentrieren Sie sich beim Kochen hierauf und rühren Sie immer sanft und sachte.

Garen im Solarkocher macht das Essen richtig schmackhaft und lässt es eine bessere Farbe annehmen. Wenn Sie auf dem Herd kochen, stellen Sie am besten eine niedrige Kochstufe ein. Dampfkochtöpfe sind nicht empfehlenswert, einfache Kochtöpfe halte ich für viel besser. Der Rezeptteil enthält viele Zubereitungen, die im geschlossenen Kochtopf bei schwacher Hitze gekocht werden. Und nicht vergessen: Bringen Sie Lebendigkeit in das Essen!

Die Grundausstattung der Ayurveda-Küche

In diesem Kapitel werden die in der Ayurveda-Küche am häufigsten gebrauchten Zutaten und Grundzubereitungen wie Ghee und Joghurt vorgestellt. Bei den Zutaten führe ich zunächst die wichtigsten Gewürze auf, wobei deren Namen auch in Hindi angegeben werden, damit sie auf Packungen im Laden leichter zu identifizieren sind. Verschiedentlich kommt es nämlich durch ungenaue oder falsche Bezeichnungen zu Verwechslungen. Kalonji zum Beispiel wird in manchen Ländern als Schwarzkümmel bezeichnet, der in Indien aber Carvi heißt und Kümmel zwar ähnelt, jedoch kleiner und dunkler ist. Kalonji hingegen ist ein ganz anderes Gewürz – er ist schwarz und sieht eher wie Zwiebelsamen aus, weshalb er des Öfteren auch damit verwechselt wird. Um Derartiges zu vermeiden, enthält dieses Buch neben einigen Abbildungen auch genaue Beschreibungen und weitere wichtige Angaben zu den einzelnen Gewürzen.

In diesem Kapitel gehe ich außerdem auf verschiedene andere Nahrungsmittel wie Mehl, Reis, Ghee und bestimmte Gemüsearten ein. In Europa, den USA und Australien sind diese Produkte in den Großstädten gewöhnlich in indischen Geschäften, in kleineren Orten auch in anderen Orient- oder Gesundheitsläden erhältlich. Man kann sie auch überall im Postversand beziehen, die Adressen sind meist dem Telefonbuch zu entnehmen. Zu Beginn mag es ein wenig Mühe bereiten, sich die etwa 25 wichtigsten Kräuter, Gewürze und Grundzutaten zusammenzustellen, aber sie sind nicht nur für das gesunde und schmackhafte Kochen wichtig, sondern dienen darüber hinaus auch als kleine Hausapotheke.

Im nächsten Abschnitt befassen wir uns mit Küchenutensilien für die Zubereitung unserer Ayurveda-Gerichte. Dann beschreibe ich die Zubereitung von Gewürzmischungen, Ghee, Joghurt und anderen Grundzutaten und im letzten Abschnitt das Keimen von Samen und das Ziehen von frischen Kräutern.

Kräuter und Gewürze

Wir beginnen mit sehr einfachen Dingen, die den meisten Lesern wohl geläufig sind, und wenden uns dann Zutaten zu, die für einige vielleicht neu sind. Bei jeder Substanz erläutere ich die ayurvedischen Eigenschaften und ihre pharmakologische Bedeutung. Verschiedentlich füge ich auch noch weitere Angaben hinzu, nach denen ich in den Kochseminaren häufig gefragt werde, zum Beispiel was weißer Pfeffer eigentlich ist oder ob Kardamom mit der Hülse verwendet wird. Es ist vielleicht ratsam, sich die folgenden Seiten genau durchzulesen, damit man auch tatsächlich die richtige Substanz bekommt.

Salze Jeder kennt das Meersalz. In der ayurvedischen Küche verwendet man neben Meersalz noch zwei Arten von Steinsalz.

Sendhav oder *Sendha* ist ein durchsichtiges oder weißes Steinsalz mit Spuren von anderen Farben, die von Beimengungen anderer Mineralstoffe herrühren.

Krishan Lavan oder *Kala Namak*, schwarzes Salz, weist gewöhnlich eine dunkelbraune Farbe auf, da es eisen- und schwefelhaltig ist.

Salz wirkt allgemein Kapha- und Pitta-verstärkend, aber Vata-senkend. Steinsalze regen den Appetit und die Verdauung an, erhöhen aber Kapha nicht, was für Salze ungewöhnlich ist. Es empfiehlt sich, Meersalz und Steinsalz abwechselnd zu verwenden. Bei Jodmangel sollte man handelsübliches Meersalz essen, da es zusätzlich mit Jod angereichert ist. Die beiden genannten Steinsalzarten sind üblicherweise in Pulverform gemischt und in indischen Lebensmittelgeschäften im Ausland als Kala Namak oder schwarzes Salz erhältlich. Als Appetitanreger macht es sich gut an Salaten und Vorspeisen.

Pfeffer Das auf der Welt am häufigsten gebrauchte Gewürz ist schwarzer Pfeffer, der außer in Indien auch in Malaysia, Indonesien und Sri Lanka wächst. Pfeffer ist ein Rankgewächs mit etwa 15 cm langen und 8 cm breiten Blättern, mit deren Tentakeln die Pflanze an Bäumen haftet. Blüten und Früchte wachsen in Büscheln. Die Frucht ist zunächst grün, wird mit der Reife rot und erst nach dem Trocknen schwarz. Daher der Name schwarzer Pfeffer. Der weiße Pfeffer wird aus der reifen Frucht gewonnen. Hierzu weicht man zunächst die Frucht in Wasser ein, entfernt dann die Schale und trocknet anschließend die Samenkörner. Da ohne Schale verarbeitet, ist weißer Pfeffer nicht so scharf wie der schwarze.

Seiner Ayurveda-Eigenschaft nach ist Pfeffer heiß. Er korrigiert geschädigtes Vata und Kapha, verstärkt aber Pitta.

Langer Pfeffer (*Pipalli* in Hindi) Er kommt in zwei Arten vor, die eine ist klein und dünn, zirka 1–2 cm lang und hat einen Durchmesser von etwa $1/2$ cm, die andere ist ungefähr doppelt so groß. Langer Pfeffer hat eine körnige Oberfläche, die bei beiden Arten gleich aussieht.

Diese Pflanze ist ebenfalls ein Rankgewächs, hat aber herzförmige Blätter von etwa 8 cm Länge. Die reife Frucht ist rot, im getrockneten Zustand matt bräunlich schwarz.

In seinen ayurvedischen Eigenschaften ist langer Pfeffer nicht so heiß wie der schwarze Pfeffer. Er wird für verschiedene Gewürz- und Teemischungen genommen und ist gut für die Nerven.

Zimt (*Dalchini* in Hindi) Der Zimtbaum erreicht eine Höhe von 7–10 m, und seine Borke wird als Gewürz genutzt. Gewöhnlich sind zwei Arten von Zimt erhältlich. Eine Sorte – sie hat den stärkeren Geschmack – ist dunkelbraun und dick, die andere ist rotbraun und dünn.

Zimtbäume wachsen zuhauf im nordwestlichen Himalaya – bis in einer Höhe von 1200 m –, im Südwesten Indiens und in Sri Lanka. Die Zimtart aus dem Süden ist dünner und milder.

Zimt ist heiß in seiner ayurvedischen Eigenschaft. Die Blätter des Zimtbaumes heißen Tejpatra und werden ebenfalls als Gewürz genutzt, insbesondere, um Reis mehr Aroma zu verleihen. Anhand der auffallend tiefen, parallel verlaufenden Längslinien der Blätter ist der Baum mit seinem dichten Blattwerk sehr einfach zu erkennen.

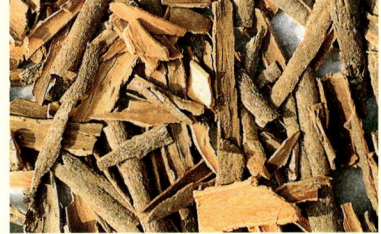

Gewürznelken (*Lavang* oder *Long* in Hindi) Den meisten ist dieses Gewürz ein Begriff. Auch wer die kleinen getrockneten Blüten noch nicht gesehen hat, kennt vielleicht den Geruch von Nelkenöl aus der Zahnarztpraxis, wo es zur Linderung von Zahnschmerzen und bei der Vorbereitung von Füllungen aus polymerisierenden Stoffen Verwendung findet.

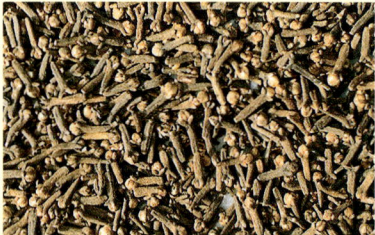

Der Nelkenbaum wird an die 12 m hoch und bis zu 100 Jahre alt. Im Alter von sieben bis acht Jahren treibt der Baum erstmals Blüten und erreicht zwischen seinem 30. und 60. Lebensjahr seine höchste Tragkraft. Die Blüten werden zu dem Zeitpunkt gepflückt, an welchem sich ihre Farbe von Grün zu Rosa ändert.

Gewürznelken sind ihrer ayurvedischen Eigenschaft nach kalt.

Sowohl Gewürznelken wie auch Zimt wirken antibiotisch; beide können einfache Verdauungsstörungen, leichtere Schmerzen und andere Beschwerden beheben. Die meisten Gewürze sind Rasayanas, diese beiden in ganz besonderem Maße.

Kleiner und großer Kardamom (*Choti* und *Badi Ilayachi* in Hindi) Als Kardamom ist meist der kleine Kardamom bekannt, Choti Ilyachi in Hindi. Der große Kardamom gehört zwar zur selben Familie der Zingiberaceae, hat aber andere ayurvedische Eigenschaften. Beide Pflanzen sind buschartig und haben lange Blätter, die aus den Wurzeln kommen. Die Knospen wachsen am unteren Ende der Blätter nahe am Boden. Der kleine Kardamom wird in Südindien und Sri Lanka, der große Kardamom am unteren Himalaya angebaut. Die Pflanzen brauchen einen sehr feuchten und schlammigen Boden, vertragen aber kein stehendes Wasser.

Der kleine Kardamom wird in vielen süßen und auch salzigen Gerichten sowie für verschiedene Teemischungen verwendet. Er bringt die Grundenergien ins Gleichgewicht und ist gut für den Hals, die Zähne und das Herz. Man isst ihn gern nach den Mahlzeiten, weil er zu einem frischen Geschmack im Mund verhilft und verdauungsfördernd wirkt.

Der große Kardamom hat gelbe oder weiße Blüten; die Früchte sind dunkelbraun, ungefähr dreimal so groß wie die des kleinen Kardamom und haben sehr viele kleine Samenkörner, die als Gewürz und für Heilzwecke verwendet werden.

Seiner ayurvedischen Natur nach ist der große Kardamom heiß. Er hilft sehr gut bei niedrigem Blutdruck; Menschen mit hohem Blutdruck sollten ihn daher meiden. Außerdem findet er Verwendung als Hustenmedizin und hilft bei Fieber sowie Problemen in Mund und Rachen.

Der große Kardamom hat im Vergleich zum dezenten Aroma des kleinen Kardamom einen starken Eigengeschmack und wird deshalb bevorzugt in Gewürzmischungen eingesetzt.

Kreuzkümmel (*Jeera* in Hindi) Die Kümmelpflanze wird etwa 30 cm hoch und hat sehr feine Blätter. Die winzigen Blüten sind weiß oder rosa und wachsen in Büscheln. Die Früchte sind länglich, braun und etwa 1/2 cm lang. Kümmel wird in ganz Indien angebaut.

Seiner ayurvedischen Eigenschaft nach ist Kümmel heiß. Er hat einen vorzüglichen Geschmack und ein großartiges Aroma. Kümmel fördert die Verdauung und sollte deshalb insbesondere schwereren Speisen beigegeben werden.

Kümmel wird auch für verschiedene Heilzwecke eingesetzt, insbesondere zur Kräftigung, gegen Erschöpfung und Appetitlosigkeit und bei Frauenkrankheiten speziell nach der Geburt.

Fenchel (*Saunf* in Hindi) Fenchel sieht ähnlich aus wie Kümmel, ist aber grün und etwas größer. Die Pflanze wird etwa 1 m groß, hat sehr kleine Blätter und gelbe Büschelblüten. Die Frucht ist länglich, hellgrün und weist fünf deutliche Linien auf. Schneidet man die Blätter regelmäßig, dann werden die Wurzeln größer und können als Gemüse gegessen werden. Fenchel ist seiner ayurvedischen Natur nach kalt. Er hat ein zarten, süßlichen Geschmack, fördert die Ver-

dauung und gibt einen frischen Geschmack im Mund. Wie der kleine Kardamom wird Fenchel deshalb auch gerne in Desserts und nach der Mahlzeit gegessen. Er gleicht die heiße Eigenschaft anderer Gewürze aus und korrigiert gestörtes Vata und Pitta. Man findet ihn auch in vielen Kräutertees.

Die ganzen Samenkörner geben Gerichten einen abgerundeten Geschmack und gleichen den starken Geruch von Zwiebeln und Knoblauch aus. Zu viel Fenchel kann Verstopfung verursachen; wegen dieser medizinischen Wirkung wird er auch gegen Durchfall verwendet.

Anis hat kleine runde Körner mit ähnlichen Eigenschaften wie Fenchel. Auch in Geschmack und Aroma sind beide verwandt, nur hat Anis ein etwas bitteres Rasa.

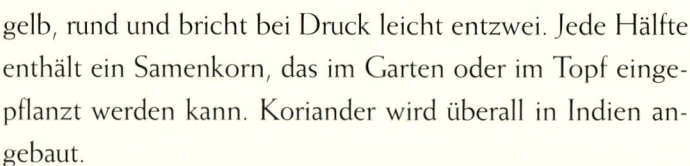

Koriander (*Dhaniya* in Hindi) Die Korianderpflanze ist etwa 60 cm hoch. Ihre Blätter geben Salaten und scharfen Speisen mehr Aroma, die Samenkörner dienen als Gewürz. Korianderblätter sind abgerundet und haben viele kleine Vertiefungen. Die Blüte ist violett oder weiß und wächst in Büscheln. Die Frucht ist gelb, rund und bricht bei Druck leicht entzwei. Jede Hälfte enthält ein Samenkorn, das im Garten oder im Topf eingepflanzt werden kann. Koriander wird überall in Indien angebaut.

Seiner ayurvedischen Natur nach ist Koriander kalt. In Gewürzmischungen sorgt er für den Ausgleich von heißen Gewürzen, und als Heilmittel stärkt Koriander die Nerven.

Schwarzkümmel

Kalonji Kalonji ist Hindi und hat im Deutschen keine Entsprechung. Die Pflanze ist ebenso klein wie Koriander, besitzt aber größere Blätter und hellblaue Blüten. Die Frucht ist rund und hat mehrere tiefschwarze, herzförmige Samenkörner. Kalonji wird außerhalb Indiens bisweilen irrtümlicherweise als schwarzer Kümmel, kleiner Fenchel, Zwiebelsamen oder Ähnliches bezeichnet. Man sollte also genauestens darauf achten, dass das Wort Kalonji auch auf der Packung steht. Der lateinische Name von Kalonji ist *Nigella sativa*. Ursprünglich kommt er aus Südeuropa, ist jetzt aber in ganz Indien ein häufig verwendetes Gewürz, das überall angebaut wird.

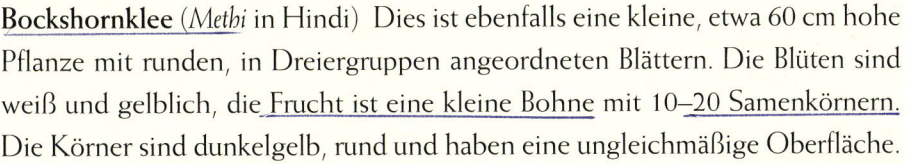

Kalonji ist seiner ayurvedischen Eigenschaft nach heiß. Er verbreitet ein starkes Aroma und sollte deshalb nicht für Speisen mit einem zarten Geschmack verwendet werden. In seiner Eigenschaft als Heilmittel wird Kalonji bei Menstruationsbeschwerden eingesetzt.

Bockshornklee (*Methi* in Hindi) Dies ist ebenfalls eine kleine, etwa 60 cm hohe Pflanze mit runden, in Dreiergruppen angeordneten Blättern. Die Blüten sind weiß und gelblich, die Frucht ist eine kleine Bohne mit 10–20 Samenkörnern. Die Körner sind dunkelgelb, rund und haben eine ungleichmäßige Oberfläche.

Die Körner werden als Gewürz oder als Heilmittel verwendet, die Blätter als Salat oder Gemüse gegessen. Bockshornklee ist seiner ayurvedischen Natur nach heiß. Er verbreitet ebenfalls ein strenges Aroma und sollte deshalb in Speisen mit zartem Geschmack nicht verwendet werden. Er eignet sich hervorragend zur Korrektur von Pitta-Störungen, stärkt die Nerven und verbessert den Milchfluss der stillenden Mutter.

Senf (*Rai* in Hindi) Die Senfpflanze ist überall bekannt. Sie wird etwa 1 m hoch und hat gelbe Blüten. Die Frucht wächst als kleine Bohnenschote mit kleinen, runden Samenkörnern von rotbrauner Farbe. Es gibt verschiedene Arten in jeweils unterschiedlicher Größe und Farbe. Eine davon heißt indischer Senf, Rai in Hindi, und hat noch kleinere Samenkörner. Dieser Senf wird als Gewürz verwendet, während die normale Senfpflanze zu Öl gepresst wird. Senfblätter werden in einigen Teilen Indiens als Gemüse gegessen, wirken aber zusammenziehend (adstringierend) und müssen so besonders zubereitet werden. Senföl wird zum Kochen, aber auch zu Heilzwecken verwendet. Es lindert den Schmerz, wirkt antibiotisch und heilt Hautinfektionen.

Senfkörner sind ihrer ayurvedischen Natur nach sehr heiß. Sie werden in Gewürzmischungen verwendet.

Ajwain Ajwain ist Hindi und hat keine Entsprechung im Deutschen. Er ist eine buschartige Pflanze, die höchstens 1 m groß wird, kleine, gespaltene Blätter und weiße, in schirmförmiger Anordung wachsende Blüten hat. Die Frucht ist eiförmig, braun, etwa 4 mm lang und birgt nur ein einzelnes winziges, mattbraunes Samenkorn in sich, das an der Oberfläche Streifen aufweist.

Es gibt zwei Arten von Ajwain in unterschiedlicher Größe. Kleiner Ajwain ist ungefähr 1–2 mm groß, der große 2–4 mm. Der kleine Ajwain findet in Indien als Gewürz und als Heilmittel eine sehr breite Verwendung und wird überall angebaut; der große Ajwain dient als Tiermedizin.

Ajwain ähnelt dem Thymian. Bei Thymian kann man aber nur die Blätter, bei Ajwain nur die Samenkörner verwenden. Seiner ayurvedischen Eigenschaft nach ist er heiß.

Ajwain korrigiert geschädigtes Vata sowie Kapha und verstärkt Pitta. Er fördert die Verdauung und ist äußerst wirksam bei verschiedenen Verdauungsproblemen. Ajwain verleiht vielen Gerichten ein köstliches Aroma und wird hauptsächlich für gebratene und fettreiche Speisen sowie Teigspeisen genommen, weil er die Leber anregt und so die Verdauung von schweren Mahlzeiten fördert. Bei Magenverstimmung und Völlegefühl nimmt man am besten einen halben Teelöffel Ajwain mit etwas Salz und Zitrone.

Dill (*Soye* in Hindi) Die Pflanze ist etwa 50–60 cm groß. Sie hat in mehrere kleine Abschnitte unterteilte Blätter und gelbe, in schirmförmiger Anordnung wachsende Blüten. Die Frucht ist sehr klein und braun. Die Samenkörner sind winzig, mattbraun und etwas abgeflacht mit Streifen an der Oberfläche. Dill wird ebenfalls überall in Indien angebaut und in den nördlichen Bundesstaaten auch als Gemüse verzehrt.

Ihrer ayurvedischen Natur nach sind Dillblätter kalt, die Samenkörner dagegen sehr heiß. Dillblätter werden in Salaten oder als Gemüse gegessen, die Früchte als Gewürz und Heilmittel verwendet. Als Heilmittel sind die Samenkörner besonders nützlich für Frauen, sie helfen bei Menstruationsbeschwerden und Problemen nach der Geburt.

Dillsamen verleiht den Speisen einen köstlichen Geschmack. Da er Pitta-anregend ist, sollte man mit ihm bei Nahrungsmitteln, die ihrer Natur nach ebenfalls heiß sind, und in heißem Klima sparsam umgehen. Um diese Eigenschaft zu neutralisieren, verwendet man Dill sehr oft zusammen mit Fenchel.

Gelbwurz oder Kurkuma (*Haldi* in Hindi) Fast jeder kennt dieses Gewürz als gelbes Pulver, aber die wenigsten in Europa haben jemals das ganze Gewürz zu Gesicht bekommen. Es ist eine Wurzel und sieht ähnlich wie Ingwer aus, wenn man jedoch die Schale abzieht, ist es innen leuchtend gelb.*

Die Pflanze wird 70–90 cm hoch und hat sehr große Blätter, die etwa 50–60 cm lang und zirka 15 cm breit sind.

Gelbwurz bringt Abwechslung in die Speisen, verfügt aber auch über eine große Heilwirkung. Es ist ein Rasayana und wirkt entzündungshemmend, antiallergisch und antibiotisch. Gelbwurz ist zwar seiner Natur nach etwas heiß, wirkt aber durchaus stabilisierend auf das Gleichgewicht der drei Grundenergien.

Ingwer (*Shunti*, *Saunth* oder *Adarak* in Hindi) Die Pflanze sieht der Gelbwurz ähnlich, ist ebenso groß und hat große Blätter, die direkt aus dem Boden wachsen.

Im Ausland wird Gelbwurz oft mit »Curry« verwechselt. Ein solches Gewürz gibt es aber weder in Indien noch im Ayurveda. Curry ist eine englische Wortschöpfung aus der Kolonialzeit, als viele Briten eine Mischung aus Gelbwurz und vielen anderen Gewürzen populär machten, die ungeachtet der regionalen oder klimatischen Verhältnisse unterschiedslos bei allen möglichen Speisen Verwendung fand. Dies ist nach ayurvedischen Gesichtspunkten unsinnig und wird in Indien auch nicht gemacht. Das ist so, als würde man viele gute französische Weinsorten in eine Flasche gießen und diese dann »Großer französischer Wein« nennen.

Frischer Ingwer ist ein Rasayana, sorgt für das Gleichgewicht der drei Grundenergien und empfiehlt sich daher für viele Speisen und Tees. Getrockneter Ingwer ist seiner ayurvedischen Natur nach heiß, regeneriert die Leber und fördert den Appetit.

Im Rezeptteil gibt es einen Ingwersirup mit verschiedenen anderen Gewürzen, aus dem warme und kalte Getränke zubereitet werden können.

Knoblauch Die Pflanze wird 50–60 cm groß, hat lange, dünne Blätter und eine große Blütenknolle aus vielen weißen Blüten. Die weiße oder rötliche knollige Wurzel, die wir als das Gewürz kennen, besteht aus 12–18 Zehen. Knoblauchblätter werden in Salaten verwendet und auf Suppen oder andere warme Speisen gestreut.

Knoblauch ist seiner ayurvedischen Eigenschaft nach sehr heiß. Er weist außer Sauer alle Rasas auf und ist von allen Gewürzen das wichtigste Rasayana. Der stark riechende Knoblauch wirkt sehr regenerierend, stärkt die Sehkraft und hat u. a. antibiotische Eigenschaften. Außerdem wirkt er als Aphrodisiakum.

Trotz all dieser wunderbaren Eigenschaften sollte man mit Knoblauch sorgfältig umgehen. Da er sehr heiß ist, muss er der individuellen Konstitution entsprechend eingesetzt werden. Selbst als Gewürz im Essen können einige Menschen ihn nur schwer verdauen und verspüren unangenehme Begleiterscheinungen wie trockenen Hals, großen Durst, Hautrötungen oder Unruhe. Zur Abhilfe trinkt man in solchen Fällen am besten einen Absud aus Koriandersamen. Knoblauch sollte man täglich in kleinen Mengen essen; den starken Geruch bekämpft man am einfachsten mit dem kleinen Kardamom.

Kresse (*Chansur* oder *Halim* in Hindi) Die Pflanze ist recht klein, nur etwa 30 cm hoch. Die gerundeten Blätter haben einen Durchmesser von etwa 0,5–1 cm und wachsen in Dreiergruppen, die kleinen, weißen Blüten in Büscheln. Die Frucht hat eine spindelförmige Schale mit einem runden, braunen Samenkorn. Die Körner haben starke Würzkraft, werden aber meist als Heilmittel gebraucht. Kressesamen reinigt das Blut, wird bei verschiedenen Frauenleiden angewendet, stärkt die Körperkraft und fördert die Bildung sexueller Sekrete.

Jeder weiß, wie gut sich die kleinen, runden Kresseblätter in Salaten machen. In Indien gelten sie dagegen vorwiegend als Tierfutter. Im Gharwal-Himalaya jedoch gibt es eine ähnliche Pflanze, die gern als Gemüse gegessen wird. Wegen ihrer hervorragenden Heilwirkung empfehle ich, mit Kressekörnern Salate zu dekorieren oder sie z. B. in Teigen und auf belegten Broten zu verwenden.

Kresse ist seiner ayurvedischen Natur nach heiß. Die Blätter sind ihres bitteren Rasas wegen etwas milder, die Körner dagegen sehr heiß; mit der Keimung werden aber auch sie milder.

Muskatnuss und Mazis (Jaiphal und Javitri in Hindi) Der Muskatnussbaum wird über 10 m groß. Die Blätter sind oval und etwa 8 cm lang. Die Blüten sind gelb, wachsen in Büscheln und riechen gut. Die Frucht ist ebenfalls oval, ungefähr 5 cm lang und hat eine dicke, gelbe und glatte Schale. Wenn sie reif ist, bricht sie in zwei Hälften, und innen wird ein leuchtend gelb-roter Hautmantel um einen hellbraunen, harten Kern sichtbar. Beim Trocknen löst sich der Hautmantel ab; dies ist das Mazis, das ebenfalls als Gewürz genutzt wird. Der Kern selbst ist als Muskatnuss überall bekannt.

Muskatnuss wie auch Mazis sind ihrer ayurvedischen Eigenschaft nach heiß, wobei Mazis etwas milder ist. Beide geben Speisen ein zartes Aroma und helfen, Vata- und Kapha-Störungen zu beseitigen.

Muskatnuss sollte nicht im Übermaß genossen werden, da sie stark auf die Nerven wirkt. Sie verlangsamt die Denkfähigkeit und beruhigt die Nerven. Es sollte täglich höchstens etwa ein Viertel einer Nuss pro Person verwendet werden. Sie eignet sich gut für sehr aufgeregte, hyperaktive Menschen. Da sie auch die Bewegung der Darmmuskulatur verlangsamt, wird sie gegen Durchfall und zur besseren Nahrungsaufnahme verabreicht. Darüber hinaus

wird Muskatnuss auch bei Menstruationsbeschwerden und sexuellen Störungen eingesetzt, wie ich in anderen Veröffentlichungen genauer ausgeführt habe.

Safran (*Kesar* in Hindi) Ursprünglich kommt Safran aus Südeuropa. Er wird auch in Spanien, Italien, Griechenland und Frankreich angebaut und von dort exportiert. In Indien baut man ihn im Bundesstaat Jammu & Kaschmir an, er wird aber auch viel importiert.

Safran besteht aus dünnen, leuchtend roten und orangefarbenen Fäden; sie sind die Staubgefäße der zarten Blüten des *Crocus sativum*. Die Pflanze wird keine 30 cm groß und hat lange, dünne Blätter. Die Blüten sind violett, und in der weiblichen Blüte befinden sich drei knallrote Staubfäden in einer Länge von je etwa 2–2 1/2 cm. Sie müssen vorsichtig herausgenommen und getrocknet werden. Anbau und Verarbeitung von Safran sind sehr aufwendig und verlangen große Sorgfalt; daher ist Safran auch so teuer. Andererseits braucht man zum Würzen und in der Heilanwendung auch nur sehr geringe Mengen.

Regelmäßig und in kleinen Mengen eingenommen, bringt Safran die drei Grundenergien ins Gleichgewicht. Er ist seiner ayurvedischen Eigenschaft nach heiß, und man sollte davon nicht mehr als 250 mg täglich nehmen. Safran ist ein Rasayana und Aphrodisiakum. Er findet als Heilmittel vielfache Verwendung, insbesondere bei Frauenleiden.

Basilikum (*Tulsi* in Hindi) Basilikum ist eine aus Indien stammende Pflanze. Sein lateinischer Name ist *Oscimum sanctum*, heiliges Basilikum, da es von Hindus verehrt wird. Wohl seiner Heilkraft wegen entwickelten die alten Priester für Basilikum zahlreiche Pflege- und Schutzrituale und stellten damit sicher, dass es in allen Familien verfügbar war.

Basilikum wird einen knappen Meter groß, seine Blätter sind gewöhnlich 2–5 cm lang. Die kleinen Blüten sind violett und reihenförmig auf etwa 10–15 cm langen Dolden angeordnet. Die Samenkörner sind sehr klein, braun und rund.

Basilikumblätter haben eine regenerierende Wirkung. Man sollte sie deshalb regelmäßig als Tee und zur Geschmacksabrundung von Salaten verwenden. Basilikum ist ein Rasayana und stärkt das Immunsystem. Seiner ayurvedischen Eigenschaft nach ist es heiß; darum sollte es nicht im Übermaß genossen werden, vier bis fünf Blätter täglich sind vollkommen ausreichend. Das europäische Basilikum hat größere Blätter und ist milder; hiervon kann man die doppelte Menge nehmen.

Minze (*Pudina* in Hindi) Minze bedarf keiner großen Erläuterung, da das starke Aroma jedem von Kaugummi und anderen Süßigkeiten her bekannt ist. Die kleine Pflanze wird etwa 30 cm groß und hat dicke, etwas rundliche Blätter. Die Blüten sind leicht violett. Die Blätter der jungen Pflanze sind bis zur Blüte noch zart und werden als Gewürz benutzt. Es gibt verschiedene Unterarten wie Gartenminze, Wildminze oder Himalaya-Minze, die alle einen unterschiedlich starken Geschmack aufweisen.

Minze ist ihrer ayurvedischen Eigenschaft nach heiß und regt den Appetit an. Im Rezeptteil finden Sie unter anderem ein köstliches Minze-Chutney.

Asafötida (*Heeng* in Hindi) Asafötida ist das ölige Harz eines Baumes, der im hohen Bergland des Himalaya wächst und etwa 2 m groß wird. Das Harz verbreitet einen sehr starken Geruch, da es einige Schwefelsalze enthält. Das natürliche Gewürz ist nicht einfach zu finden, weil meist synthetisch hergestelltes Asafötida angeboten wird. Oftmals wird das synthetische Material auch mit dem Harz anderer Bäume versetzt. Als reines Naturprodukt ist Asafötida selten und teuer.

Seiner ayurvedischen Eigenschaft nach ist Asafötida sehr heiß und wirkt heilend auf geschädigtes Vata und Kapha, während es Pitta verstärkt. Es wird gewöhnlich in schwer verdaulichen Linsen- und Bohnengerichten verwendet, die des Öfteren Vata-Störungen verursachen. Asafötida findet auch zur Behandlung von Vata-typischen Altersbeschwerden wie Gelenkschmerzen, Gicht oder Erschöpfungszuständen Verwendung. Auch der äußerst starke Geruch dürfte den Einsatz von Asafötida in einem modernen Haushalt erschweren. Der deutsche Name für Asafötida ist bezeichnenderweise Teufelsdreck.

Chilipfeffer Dieses Gewürz kommt aus Amerika, ist aber auch in Indien weit verbreitet und wird dort schon zu häufig benutzt. Die kleine Pflanze wird knapp 1 m groß. Ihre kleinen, langen Blätter sind vorne zugespitzt, die Blüten sind weiß. Die grünen Früchte sind länglich und enthalten viele Samenkörner. Es gibt zahlreiche Unterarten mit unterschiedlich großen Früchten. Wenn man die grüne Frucht trocknet, wird sie rot.

Chilipfeffer ist seiner ayurvedischen Eigenschaft nach heiß und gut geeignet, Vata- und Kapha-Störungen zu beheben. Im Übermaß genossen verursacht er Sodbrennen. Wer nicht an Chilipfeffer gewöhnt ist und eine Pitta-Veranlagung hat, sollte ihn eher meiden. In meinen Rezepten kann Chilipfeffer nach Wunsch beigegeben werden, ist aber nie notwendig.

Manche Leute denken, dass ein sehr scharfer Geschmack immer auf den Gebrauch von Chilipfeffer zurückzuführen sei, aber auch viele andere Gewürze verleihen einen beißenden und scharfen Geschmack. Da die verschiedenen Arten von Chilipfeffer alle unterschiedlich scharf sind, sollte man genau auf die verwendete Menge achten.

Das Säubern und Aufbewahren von Gewürzen

Gewürze sollte man richtig säubern, bevor man einen Vorrat anlegt. Industriell abgepackt sind sie zwar meist sauber, zur Sicherheit sollte man sie aber noch einmal durchschauen. Zum Säubern geben Sie sie auf einen Teller und entfernen mit den Fingern alle Halme, Steinchen und andere Verunreinigungen.

Zum Aufbewahren empfehle ich fest verschließbare Gläser, Plastikbehälter und Flaschen. Die Behältnisse müssen absolut trocken sein, bevor die Gewürze, die sorgfältig an der Luft oder mit einem Fön getrocknet wurden, eingefüllt werden. Das Trocknen ist besonders in feuchten Gegenden wichtig.

Grundvorrat an Getreideprodukten und anderen Lebensmitteln

Getreide und Mehl In der Ayurveda-Küche brauchen Sie Weizen-, Kichererbsen-, Mais-, Hirse- und anderes Mehl. Sie benötigen auch hochwertigen Weizen, der leicht keimt. Ferner sind unter ayurvedischen Gesichtspunkten drei Arten von Bohnen und Linsen empfehlenswert, die als Eiweißquelle besonders für Vegetarier wichtig sind. Einige dieser Nahrungsmittel, die nachfolgend beschrieben sind, werden Sie in Ihren Ernährungsplan aufnehmen wollen.

Weizen Sauberen, trockenen Weizen kann man in einer kleinen Mühle leicht zu frischem Mehl mahlen. Weizenkörner brauchen wir auch für einige der hier aufgeführten Rezepte. In indischen Geschäften im Ausland wird Weizenmehl als Chapati-Mehl angeboten.

Man bekommt Weizen in unterschiedlichen Qualitäten, die offensichtlich auch verschiedene ayurvedische Eigenschaften haben. Am besten sind die kleineren, dunklen Körner. Großkörniger Weizen wirkt mehr Kapha-verstärkend und führt eher zu einer Gewichtszunahme als kleinkörniger.

Mais Einige der Rezepte in diesem Buch sind für Maismehl. Maismehl hält sich nicht sehr lange und wird nach einiger Zeit sauer. In Indien verwendet man es daher nur während der Jahreszeit, in der es frisch angeboten wird. Mir ist es schon passiert, dass ich saures Mehl gekauft habe, daher mein Rat: Prüfen Sie das Verpackungsdatum genau!

Kichererbsen Sie benötigen Kichererbsen sowie Kichererbsenmehl, das in Indienläden *Besan* heißt. Es gibt zwei Arten von Kichererbsen: die größeren sind weiß, die kleineren sind dunkelbraun und werden auf indischen Verpackungen auch als *Black Gram* bezeichnet.

Fingerhirse Fingerhirse ist sehr gesundheitsfördernd. Im Rezeptteil finden Sie daher einige Zubereitungen mit diesem Hirsemehl.

Mungbohnen Wir verwenden in einigen Rezepten Mungbohnen und auch Mung-Dal. Als Dal werden geschälte und dann geriebene Bohnen bezeichnet. Beide sind als Nahrungsmittel sehr empfehlenswert, da sie die Gesundheit fördern und leicht verdaulich sind.

Urd-Dal Urdbohnen sind sehr schwer verdaulich und müssen lange gekocht werden. In meinen Rezepten nehme ich deshalb ausschließlich Urd-Dal, d.h. ohne Hülse geriebene Urdbohnen.

Masur-Dal Masur-Dal wird auch als rote Linsen bezeichnet, denn wenn die Hülse entfernt wird, ist die Masurbohne von dunkelrosa Farbe. Man kann davon eine köstliche Suppe machen, die sich hervorragend dazu eignet, Pitta-Störungen entgegenzuwirken.

Grieß Grieß wird aus Weizenstärke hergestellt. Er ist sehr leicht und eignet sich gut zum Frühstück und als Dessert. Hierfür sind im Rezeptteil einige Zubereitungen angegeben.

Ghee und Öl Tierisches und pflanzliches Fett ist beides wichtig. Im Ayurveda wird als tierisches Fett Ghee empfohlen, das aus Butterfett besteht. Butter enthält etwa 85% Fett, der Rest ist Eiweiß und Wasser. Ghee kann man fertig kaufen oder – wie auf S. 76 beschrieben – aus guter ungesalzener Butter leicht selber herstellen. Als Pflanzenöl nimmt man nach ayurvedischen Gesichtspunkten am besten Sesamöl.

Sesam (*Tahini* in Hindi) Sesamkörner werden häufig in Salatsaucen und im Winter in Desserts verwendet.

Tamarinde (*Imali* in Hindi) Wenn man häufiger Bohnen oder Linsen isst, dann ist es gut, einige dieser Früchte in der Küche zu haben. Sie fördern die Verdauung und passen als Zutat zu Bohnenspeisen.

Mangopulver (*Amchur* in Hindi) Wird aus Gewürzmango gewonnen, einer bestimmten Mangosorte, die man vorwiegend in Pickles und Chutney verwendet. Die Frucht wird hierzu klein geschnitten, getrocknet und zu Pulver gemahlen. Mangopulver wird als Gewürz verwendet, das Speisen einen etwas sauren Geschmack verleiht. In Bohnengerichten ersetzt es bisweilen auch Tamarinde.

Weitere Zutaten Man sollte immer Milch, frischen Ingwer, Knoblauch, ein paar Zwiebeln (wenn Sie sie essen), grüne Kräuter und frisches Gemüse im Hause haben.

Küchenutensilien

In der Ayurveda-Küche arbeitet man häufig mit verschiedenen Mörsern sowie einigen Mahl- und Mixgeräten:

Porzellanmörser Im Porzellanmörser stampfen wir feine Kräuter und Gewürze. Wir nehmen ihn auch, wenn wir von einer Substanz nur eine kleine Pulvermenge brauchen, zum Beispiel für einen halben Teelöffel gerösteten Kümmel oder einige gestoßene Basilikumblätter für den Tee. Mörser aus Porzellan sind zerbrechlich, man sollte also nicht zu stark mit dem Stößel zustoßen, sondern eher kräftige mahlende Bewegungen machen.

Steinmörser Solche Mörser sind oft aus Marmor, es gibt sie aber auch aus anderem Stein. Sie sind stärker als die Porzellanmörser und werden deshalb auch bei härteren Substanzen verwendet. Diese werden erst in einem Steinmörser zerstoßen und dann in einem Porzellanmörser zu Pulver zerrieben, der seiner Form wegen dazu besser geeignet ist.
Größere Steinmörser sind aus sehr hartem Stein gefertigt und werden mit einem abgerundeten Holzstiel als Stößel benutzt. Mit ihnen zerstößt man sehr harte Substanzen, sie werden aber auch für Chutney gebraucht. Diese Mörser sind für mo-

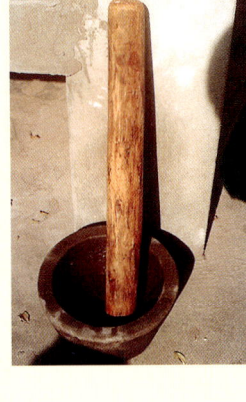

derne Küchen gewöhnlich zu groß und machen in der Wohnung auch zu viel Lärm. Stattdessen setzt man – wie unten erläutert – modernere Geräte ein.

Metallmörser Es ist vielleicht ratsam, sich zum Zerstampfen harter Substanzen einen kleinen Metallmörser zuzulegen. Solche Mörser sind aus Kupfer oder Schmiedeeisen und höhere Gefäße als die oben beschriebenen, sodass die Substanzen beim Zerstoßen nicht so leicht herausfliegen. Sie eignen sich auch gut zum Lösen der Kardamomschalen.

Flacher Stein mit rundem Steinstößel Der Stein hat eine raue Oberfläche, und der Stößel ist unten ganz rund (s. Abb.). Dieses Utensil benutzt man vorwiegend, um Ingwer, Knoblauch und grüne Kräuter zu zerstoßen.

Kaffeemühle Zur Verarbeitung einer größeren Menge von Gewürzen ist eine kleine elektrische Kaffeemühle gut geeignet. Das Gerät ist vor allem zur Herstellung von Gewürzmischungen sehr praktisch. Da es immer nur eine kleinere Menge fasst, heizt sich der Motor nicht so stark auf, und der Geschmack der Gewürze bleibt unbeeinträchtigt.

Stabmixer Bei vielen Zubereitungen spart man mit einem kleinen elektrischen Stabmixer viel Zeit. Das Gerät ist sehr praktisch für die Zubereitung von Suppen und zum Pürieren von Tomaten. Man kann es einfach in den Topf halten und hat so auch weniger Abwasch.

Küchenmixer Das Gerät verwendet man für Chutneys und Gewürzpasten. Wir brauchen es insbesondere zur Zubereitung von Weizenkeimbrot.

Schneidegeräte Eine Küchenreibe oder andere Raspel- und Schneidegeräte sind normalerweise in jeder Küche vorhanden. Für viele Rezepte in diesem Buch verwenden wir geraspeltes Gemüse.

Grundzubereitungen

Die Ayurveda-Küche verwendet häufig spezielle Gewürzmischungen, und auch mit der Zubereitung von Ghee, Joghurt und Paneer (Frischkäse) sollten wir uns vertraut machen.

Es erleichtert das Kochen und spart viel Zeit, wenn man bestimmte Gewürzmischungen schon vorbereitet hat. Die meisten der dabei verwendeten Gewürze muss man aber auch einzeln vorrätig haben. Die im Folgenden beschriebenen Mischungen habe ich der Einfachheit halber A, B, C, D, E, F und G genannt. Mischungen A und B habe ich bereits an anderer Stelle beschrieben; die hier aufgeführte Mischung A ist aber eine verbesserte Version.

Mischung A

Zutaten abwiegen und getrennt säubern. Schale des großen Kardamom entfernen, indem man sie im Mörser etwas mit dem Stößel zerdrückt und dann mit der Hand abnimmt. Muskatnüsse im Mörser in kleinere Stücke brechen. Alle Zutaten auf einem großen Teller oder Tablett für ca. 15 Minuten an der Sonne bzw. im etwas vorgewärmten Ofen trocknen lassen oder eine Minute im warmen Wok umrühren. Die Gewürze müssen beim Mahlen absolut trocken sein. Eine kleine Kaffeemühle, die nur für diesen Zweck benützt werden sollte, mit den vorgemischten Zutaten mehrmals zu zwei Dritteln füllen und alles nicht zu fein mahlen; die Mischung sollte eine Konsistenz wie Sand bekommen. Anschließend durch ein nicht zu feines Metallsieb geben. Zu große Teile nochmals mahlen und abermals sieben. Immer noch zu große Stücke entfernen. Fertige Mischung in einem trockenen, fest verschlossenen Gefäß an einem trockenen Ort aufbewahren und hieraus jeweils für den täglichen Bedarf in ein kleineres Glas umfüllen.

50 g großer Kardamom
25 g Muskatnuss
100 g Koriander
50 g Kümmel
25 g schwarzer Pfeffer
25 g langer Pfeffer
50 g Nelken
50 g Zimt
10 g Mazis

Mischung B

Koriander
Kümmel
Fenchel
Bockshornklee
Senfkörner
Kalonji

Diese klassische indische Mischung ist sehr einfach vorzubereiten, da die einzelnen Gewürze ungemahlen sind. Sie besteht zu gleichen Teilen aus den linksstehenden sechs Gewürzen:

Die Gewürze getrennt säubern, zu Anteilen von zum Beispiel je 50 Gramm mischen und in ein ausreichend großes Gefäß geben, damit man die Mischung gut durchschütteln kann.

Mischung C (kühlend)

Diese Mischung besteht aus Fenchel und Koriander, beide ihrer ayurvedischen Natur nach kalt und deshalb besonders bei übermäßigem Pitta empfehlenswert. Hiermit würzen wir Nahrungsmittel, die ihrer Natur nach heiß sind, und verwenden die Mischung im Sommer oder für Pitta-geprägte Personen zusammen mit Gewürzmischung A, die ihrer Natur nach eher heiß ist.

Beide Gewürze säubern, trocknen und mahlen wie bei Gewürzmischung A. Zu gleichen Teilen mischen und in einem sauberen und trockenen Gefäß aufbewahren.

Mischung D (heiß, für gestörtes Vata und Kapha)

50 g getrockneter Ingwer
50 g Ajwain
50 g Kümmel
25 g schwarzer Pfeffer
25 g langer Pfeffer
25 g Fenchel
10 g Nelken
15 g Dillsamen

Im Gegensatz zu Mischung C ist diese Mischung ihrer Natur nach heiß. Sie ist besonders für kalte Tage und bei Vata-Kapha-Störungen geeignet.

Gewürze trocknen und mahlen. Den getrockneten Ingwer im Mörser in kleine Teile zerstückeln. Für eine wirklich scharfe Mischung noch etwa 5 g (1 Esslöffel) Chilipfeffer hinzugeben. Normalerweise ist es ratsam, erst beim Kochen mit Chilipfeffer zu würzen.

Mischung E (würzig, für Pickles und schnelle Zubereitungen)

Diese Mischung wird gewöhnlich zur Zubereitung von Gemüse-Pickles verwendet, eignet sich aber auch gut, wenn man etwas schnell zubereiten möchte und zu wenig Zeit hat, um Ingwer und andere frische Gewürze zu schneiden.

Schalen vom kleinen Kardamom entfernen, getrockneten Ingwer zerstückeln und Zutaten in elektrischer Kaffeemühle mahlen. Zum Schluss Ajwain ungemahlen zugeben.

10 g kleiner Kardamom
50 g getrockneter Ingwer
50 g Kümmel
25 g schwarzer Pfeffer
25 g langer Pfeffer
10 g Nelken
10 g Zimt
50 g Ajwain

Mischung F (würzig-sauer)

Diese Mischung eignet sich speziell für würziges Gemüse und Fruchtsalate. Da sie bereits Steinsalz enthält, werden damit zubereitete Speisen später nicht mehr extra gesalzen. Hierfür werden dieselben Zutaten wie für Mischung E und zusätzlich noch folgende Gewürze genommen:

50 g Steinsalz
50 g Mangopulver
25 g Dillsamen
50 g getrocknete Minzeblätter

Alle Zutaten einschließlich Ajwain mahlen.

Mischung G (Kräutermischung)

Diese Mischung besteht aus frischen Gartenkräutern wie Petersilie, Koriander, Minze, Basilikum, Sellerie, Dill, Oregano oder Lorbeerblätter, die Sie waschen und auf einem Küchentuch trocknen, aber nicht zu lange in der Sonne liegen lassen. Nehmen Sie dazu möglichst viele verschiedene Kräuter in jeweils gleicher Menge. Nach dem Trocknen von Hand zerstückeln und in der elektrischen Kaffeemühle mahlen. Auch von einer größeren Menge an frischen Kräutern bleibt am Schluss relativ wenig Kräutermischung übrig.

Mit dieser grünen Mischung dekorieren Sie Suppen vor dem Servieren, etwa ½ Teelöffel je Portion.

Ghee

Dieses Butterfett ist meist auch in indischen Geschäften erhältlich. In manchen Ländern enthält es jedoch Konservierungsmittel und sollte dann besser selber gemacht werden. Ghee kann man ziemlich einfach aus Butter herstellen, es ist einige Monate haltbar.

Gute, ungesalzene Butter bei mittlerer Hitze in einem Topf erwärmen. Wenn die Butter vollständig geschmolzen ist, Hitze reduzieren und etwa 15 Minuten kochen lassen, bis alles Wasser verdampft ist. Dabei regelmäßig umrühren, sodass die Eiweißstoffe am Topfrand haften bleiben und sich nicht am Boden sammeln. Wenn das Butterfett richtig durchsichtig geworden ist, ist das Ghee so weit fertig. Es darf keine Spur von Wasser mehr enthalten, sonst würde sich Pilz im Ghee bilden. Dies kann man leicht feststellen, indem man den Topf für etwa 30 Sekunden mit einem Metalldeckel abdeckt und schaut, ob sich an der Unterseite noch Wasserdampf absetzt. So lange weiterkochen, bis sich kein Wasserdampf mehr bildet, und dann den Topf sofort vom Herd nehmen, sonst könnte das Fett verbrennen und das Ghee würde braun. Deshalb genau den richtigen Zeitpunkt abpassen und den Dampftest eventuell mehrmals durchführen.
Den Topf etwas abkühlen lassen und dann das Ghee zum Filtern durch ein dünnes Lei-

nentuch geben. Damit werden die verbrannten Eiweißstoffe herausgefiltert. Nicht zu lange abkühlen lassen, sonst wird das Ghee zu fest und lässt sich nicht mehr filtern. Gefiltertes Ghee in ein sauberes und trockenes Glas- oder Plastikgefäß geben. Nach dem Abkühlen ist das Ghee halbfest, im Kühlschrank wird es hart. Je nach der Qualität der verwendeten Milch ist das Ghee hellgelb bis weiß.

Joghurt

Es ist ganz einfach, aus Milch Joghurt zu machen; man braucht hierfür kein spezielles Gerät. Es gibt zwei Arten von Bakterien, *Lactobacillus* und *Streptococcus*, die Milch in Joghurt verwandeln, wenn man die Kulturen bei der richtigen Temperatur in die Milch gibt.
Frischer Joghurt wirkt kräftigend, verstärkt Pitta und Kapha und beruhigt Vata. Joghurt sollte man nicht zu viel und nie abends essen. Bei Schwellungen und Schmerzen vermeidet man ihn am besten.

Frische Milch zum Kochen bringen, in ein Porzellangefäß schütten und bis auf Badewassertemperatur abkühlen lassen. Einen halben Teelöffel einfachen Joghurt von guter Qualität mit lebenden Kulturen in die heiße Milch geben und gut umrühren. Deckel aufsetzen und mit einer kleinen Decke oder einem alten Pullover umwickeln. Sieben bis acht Stunden ruhen lassen, am besten über Nacht. Bakterienkulturen gedeihen am besten bei einer Temperatur von ungefähr 37° C, und mit der Decke halten wir den Topf länger warm. In einer wärmeren Umgebung ist das natürlich einfacher. Wenn sich alle Milch verfestigt hat, ist der Joghurt fertig. Den Joghurt im Kühlschrank aufbewahren und bald verzehren; bei Zimmertemperatur wachsen die Bakterien weiter, und der Joghurt wird sauer.

In westlichen Ländern wird gerne süßer Fruchtjoghurt gegessen. Industriell hergestellt enthält er oft als Verdickungsmittel zugesetzte Stärke und Fruchtzubereitungen mit anderen Zusätzen. Für Ihren selbst hergestellten Joghurt dagegen verwenden Sie frisches Obst, Honig oder selbst gemachte Marmelade.

Cremejoghurt

Aus unserem selbst hergestellten Joghurt können wir jetzt auf einfache Weise Cremejoghurt machen. Hierzu hängen wir den Joghurt für ungefähr 15 Minuten in einem Leinentuch auf und lassen so lange überschüssiges Wasser abtropfen, bis der Joghurt die gewünschte Konsistenz hat.*

Frischkäse

Lässt man den Joghurt für zwei Stunden oder etwas länger als oben beschrieben in einem Leinentuch abtropfen, bleiben nur noch die halbfesten Bestandteile zurück. Diesem geben wir verschiedene Kräuter und Gewürze zu und bekommen so unseren Frischkäse. Im Rezeptteil sind hierfür einige Zubereitungen aufgeführt.

Paneer

Paneer ist mit Frischkäse vergleichbar. Hierbei werden durch Zugabe einer sauren Substanz in kochende Milch die festen Bestandteile vom Wasser getrennt. Im Topf einen Liter frische Vollrahmmilch erhitzen. Wenn sie gerade anfängt zu

kochen, einen Esslöffel Zitronensaft hineingeben. Die festen Milchbestandteile beginnen, auf der halbdurchsichtigen Flüssigkeit zu schwimmen. Trennt sich beides nicht deutlich sichtbar, geben Sie ein bisschen mehr Zitronensaft hinzu; bei pasteurisierter und homogenisierter Milch mag unter Umständen etwas mehr erforderlich werden. Die weißen Klümp-

---

* Manche Leute meinen, cremige Sachen machen dick. Man nimmt aber nur zu, wenn man zu viel von etwas isst. Wenn Sie also statt des normalen Joghurts die daraus hervorgegangene Menge Cremejoghurt essen, dann macht das keinen Unterschied.

chen sind das Paneer. Vom Herd nehmen und – wenn vom Rezept verlangt – wie beim Joghurt in einem Leinentuch aufhängen und das restliche Wasser abtropfen lassen. Möchte man festere Stücke bekommen, legt man das Paneer im Tuch zwischen zwei Holzbretter und stellt oben ausreichend Gewicht darauf, z. B. einen Topf mit Wasser, damit mehr Wasser herausgedrückt wird. Ein solches Stück Paneer kann man dann in eckige Stückchen schneiden.

Keime und Kräuter

Unter ayurvedischen Gesichtspunkten sind Keime am gesündesten, wenn sie gerade frisch schießen. Man sollte also genau den Zeitpunkt abpassen, an dem die kleinen Keime eben aus dem Samen kommen. Auch hierfür brauchen Sie kein besonderes Gerät. Die Körner ungefähr einen Tag in Wasser aufweichen lassen und beobachten, wann der Keimungsprozess beginnt. Ist es sehr warm, geht es schneller, bei einer Zimmertemperatur um 18° C mag es auch etwas länger als 24 Stunden dauern.

Im Rezeptteil werden verschiedene Zubereitungen mit keimenden Samenkörnern vorgestellt. Weizenbrot aus ankeimendem Korn zum Beispiel ist sehr kräftigend und gut gegen Erschöpfung.

An Kräutern, die wir in unseren Rezepten oft verwenden, können Sie vieles in der Wohnung im Topf ziehen. Frische Kräuter wie Basilikum, Minze, Koriander, Dill und andere sind für die Ernährung sehr wichtig. Man muss die Samen nur in gut gedüngter Erde in den Topf oder Blumenkasten einpflanzen, ans Fenster oder ins Freie stellen und regelmäßig gießen. Frische Kräuter schmecken gut an Salaten, verschönern das Essen und bringen Ihnen Prana.

Bockshornklee und Kresse wachsen auch im Winter gut. Da sie ihrer ayurvedischen Natur nach heiß sind und Vata stärken, sind sie in dieser Jahreszeit besonders wertvoll.

AYURVEDA-REZEPTE

»Der Zustand des Körpers ist das Ergebnis dessen, was man zu sich nimmt, ob es gegessen, getrunken, gelutscht oder verschlungen wird ... Eine gesunde Ernährung wirkt sich gut auf den Körper aus, eine ungesunde dagegen schlecht.
Wer nach Glückseligkeit strebt, der sollte seine Ernährungsweise so ausrichten, dass neue Erkrankungen nicht entstehen und die bestehenden gelindert werden. Zwar wollen alle Menschen das Ziel der Glückseligkeit erreichen; ob der Weg, den sie einschlagen, aber richtig oder falsch ist, das hängt von ihrer Kenntnis oder Unkenntnis ab.«

Charaka Samhita
Surasthana, XXVIII,
S. 34–35

Ein paar Worte vorab

Ayurveda empfiehlt, sorgfältig zubereitete, warme und gekochte Speisen zu sich zunehmen. Nur Beilagen wie Salate, Chutneys, Rayatas (Yoghurt-Speisen) sowie einige Desserts und Getränke nimmt man kalt zu sich. Denn warme, gegarte Nahrung kann der Körper viel leichter aufnehmen, außerdem wirkt sie gleichzeitig Vata-stabilisierend. Aus diesem Grunde sind hier nur Rezepte für warme Mahlzeiten aufgeführt, das gilt auch für das Frühstück. Ferner ist es wichtig, alle Gerichte immer frisch zuzubereiten. Wieder aufgewärmte Speisen und solche, die etliche Stunden oder womöglich Tage zuvor vorbereitet wurden, nennt man *basa* (abgestanden); sie können zu Vata-Störungen führen.

Bei dieser Zusammenstellung ist es mir besonders darauf angekommen, Rezepte für schnell und einfach zuzubereitende Gerichte auszuwählen. Dabei habe ich mich von der Küche vieler Länder inspirieren lassen, die Rezepte sind aber durchaus als international zu bezeichnen. Wenn hier also von »Ayurveda«-Rezepten die Rede ist, so bezieht sich das auf die spezifische Art der Zubereitung, nämlich unter Verwendung bestimmter Kräuter, Gewürze und anderer Zutaten die Speisen so harmonisch zuzubereiten, dass sie unser Energiegleichgewicht fördern, uns jeden Tag aufs Neue regenerieren, unsere Lebensqualität und Vitalität steigern. Auf diese Weise ist es auch möglich, praktisch alle Ihre Lieblingsgerichte zu Ayurveda-Speisen umzugestalten. Lassen Sie sich von den nachfolgend aufgeführten Rezepten also zu einer »Ayurveda-Kochweise« anregen, die es Ihnen ermöglicht, ausgewogenes, gesundes und leicht verdauliches Essen zuzubereiten, das auch sehr schmackhaft ist.

In westlichen Ländern werden in der Küche sehr viele verarbeitete Lebensmittel und Fertigprodukte verwendet. Oftmals weiß man gar nicht, was man da eigentlich alles isst. Manchmal erzählen mir Leute, sie äßen kein Salz oder keinen Zucker, weil dies der Gesundheit abträglich sei. Und in der Tat: in ihrer Küche steht weder Salz noch Zucker. Doch meist ist ihnen nicht bewusst, wie viel Salz sie regelmäßig in Brot oder Käse zu sich nehmen. Die meiste Schokolade besteht zur Hälfte aus Zucker, Kuchen und Dessert oft zu mehr als einem Viertel. Vor geraumer Zeit aß ich einmal in der Kantine des National Institute of Health in Bethesda, USA, einen Fruchtjoghurt »ohne Zucker«. Dabei fiel mir auf, dass er deutlich süßer schmeckte, als es Früchte normalerweise tun, und las dann auf dem Becher: »Reiner Vollrahm-Joghurt mit Blaubeermarmelade«. So oder ähnlich werden Leute oft in die Irre geführt. Man kann sich nur selten richtig vorstellen, wie viel Salz und Zucker in verarbeiteten Nahrungsmittelprodukten enthalten ist, ganz zu schweigen von chemischen Konservierungs- und Farbstoffen! Wenn wir also unsere Nahrung aus Rohstoffen und Grundzutaten selber zubereiten, dann wissen wir besser, was wir essen und auf was unser System reagiert: Wir haben die Kontrolle über unser Essen!

Im Vorwort wurde bereits herausgestellt, dass nicht alle indischen Gerichte ayurvedisch sind und ayurvedische Gerichte nicht indisch sein müssen. Lassen Sie mich dies zum besseren Verständnis etwas näher erläutern. In vielen indischen Familien, hauptsächlich aber in Restaurants, wird zu einigen Gemüse- und Fleischgerichten eine einfache Sauce aus Tomaten, Zwiebeln, Ingwer, Knoblauch und anderen Zutaten gereicht, der auch Joghurt hinzugefügt ist. Diese Sauce schmeckt vorzüglich, ist jedoch recht schwer und deshalb unter ayurvedischen Gesichtspunkten nicht empfehlenswert, zumal saure Geschmacksstoffe dominieren. Joghurt wird nämlich sauer, wenn er erhitzt wird. In anderen Gegenden Indiens gibt man dagegen gern Sahne an diese Sauce; doch Milch und Sahne vertragen sich nicht mit den Sauerstoffen von Tomaten, weshalb von dieser Kombination ebenfalls abzuraten ist. Dasselbe gilt für Tomatencremesuppe, ein wohlschmeckendes europäisches Gericht, das aber wegen der Unverträglichkeit von Sahne und Sauerstoffen leider ungesund ist. Dieses Problem kann man beheben, indem man anstelle von Sahne andere Süßstoffe hinzufügt oder den sauren Geschmack durch mehr Kräuter und Gewürze neutralisiert, zum Beispiel mit Kartoffeln, Maismehlextrakt oder Maisstärke.

Knoblauch ist ein Rasayana und sollte praktisch jeden Tag, aber in kleinen Mengen verwendet werden. Er enthält viele leichtflüchtige Öle, die empfindlich auf Hitze reagieren. Um also die vorzüglichen Eigenschaften des Knoblauchs im

Essen zu bewahren, sollte man ihn – wie bei den nachstehenden Rezepten immer erwähnt – den Zubereitungen erst zum Schluss hinzugeben. In vielen indischen Familien und den meisten Restaurants kommt Knoblauch jedoch gleich zu Beginn mit Zwiebeln und Ingwer in die Pfanne; auf diese Weise gehen seine gesundheitsfördernden Eigenschaften aber weitgehend verloren.

Bei den Rezepten führe ich an manchen Stellen den Grund für eine bestimmte Art der Zubereitung an, damit der Leser diesen Grundsatz dann auch bei anderen Gerichten anwenden kann. Bei der Essenszubereitung ist es nämlich sehr wichtig, das jeweilige Prakriti sowie die Wetter- und Klimabedingungen zu berücksichtigen. Wenn Sie zum Beispiel ein Pitta-Prakriti besitzen sollten und bei einigen Rezepten den Eindruck haben, dass Ihrem Körper zu viel Wärme zugeführt wird, so verzichten Sie am besten auf einige heiße Zutaten wie Gewürzmischung A oder Knoblauch und verwenden stattdessen Mischung C, um gegen den Hitzeüberschuss anzugehen. Darüber hinaus verwendet man verstärkt bittere Salat- und Gemüsesorten. Bei heißem Wetter geht man genauso vor. In der kalten Jahreszeit dagegen greift man dann stärker auf Dillsamen, Bockshornklee, Kalonji, Safran und ähnliche Gewürze zurück.

Die folgenden Rezepte sollen demonstrieren, auf welch einfache Weise man harmonische und ausgewogene Speisen zubereiten kann. Darüber hinaus führen sie auf praktische Art in die Grundlagen der ayurvedischen Kochkunst ein.

Frühstück

In der ayurvedischen Tradition bestand das Frühstück lediglich aus einem Getränk, dann aß man früh zu Mittag und früh zu Abend. Morgens nach dem Aufstehen sollte man nur heißes Wasser trinken, denn nachts sind die Energiekanäle des Körpers (*srotas*) verschlossen und öffnen sich erst allmählich morgens nach dem Aufstehen. Deshalb wird in der ayurvedischen Esskultur nicht unmittelbar nach dem Aufstehen gefrühstückt, wie es im Westen üblich ist. Dies ist eine Belastung für den Körper, außerdem können trockene Getreideflocken mit kalter Milch oder Müsli zu einer Störung des Vata führen.

Nachdem man heißes Wasser getrunken hat, sollte man spazieren gehen oder Yoga praktizieren usw. Nach der Reinigung, einem Bad und anderen täglichen Ritualen tranken die Menschen z. B. Milch oder Joghurt-Getränke im Norden oder Kokoswasser im Süden. Dann gab es gewöhnlich ein zeitiges Mittagessen. In unserem modernen Arbeitsleben ist dies allerdings kaum möglich. Ein leichtes Frühstück ist unerlässlich für alle, die außer Haus arbeiten und einen weiten Weg zur Arbeit zurücklegen müssen. Unser Frühstück sollte allerdings auf unsere Arbeit abgestimmt sein. Wer körperlich arbeitet, braucht ein warmes Getreidefrühstück. Wer hauptsächlich im Sitzen arbeitet und weniger körperliche Bewegung hat, sollte ein leichtes Frühstück wie Joghurt oder einfach Obst zu sich nehmen. Wer leicht zunimmt oder Übergewicht hat, sollte sich ebenfalls auf Obst zum Frühstück beschränken. Überschlanke oder schwächliche Menschen brauchen Möhren oder Porridge mit Nüssen und Rosinen zum Frühstück. Wer gesund und weder zu dick noch zu dünn ist, kann abwechselnd die verschiedenen Frühstücksrezepte auf den folgenden Seiten zubereiten. Es wird außerdem empfohlen, das Frühstück auf den jeweiligen Gesundheitszustand, die Witterung usw. abzustimmen. Wenn Sie beispielsweise Symptome haben, die auf eine Störung des Vata schließen lassen, sollten Sie ein warmes Frühstück essen. Bei einer Störung des Kapha ist das Rezept mit Kichererbsenmehl zu empfehlen. Ist

das Pitta gestört, sollten Sie kalte Milch und süße Früchte wie Papaya und Banane essen. Ein Möhrenfrühstück ist immer gut für das Gleichgewicht der Grundenergien. Wer unter Verstopfung und verdauungsbedingten Kopfschmerzen leidet, sollte ein Frühstück mit gequollenen Kichererbsen einnehmen.

Weizenporridge oder Dalia

Dieser Porridge besteht aus geschrotetem und geröstetem Weizen. Aus ayurvedischer Sicht ist es am besten, den Weizen 24 Stunden in Wasser einzuweichen. Kurz vor dem Keimen wird er dann über einem Sieb abgegossen und getrocknet. Den vollständig trockenen Weizen dann in einer Kaffeemühle mahlen. Dieses Weizenschrot (bitte nicht zu Puder zermahlen) kann einige Zeit gelagert werden. In indischen Lebensmittelläden kann man bereits fertigen Dalia kaufen. Türkische Lebensmittelläden führen den ähnlichen Bulgur.

1 Ghee leicht erwärmen und Dalia hinzufügen. Unter Rühren bei mittlerer Hitze rösten. Wenn der Weizen einen leichten Braunton annimmt, Wasser und den zerstoßenen Kardamom hinzufügen. Zum Kochen bringen und bei milder Hitze köcheln lassen, bis der Weizen weich wird und das ganze Wasser aufgesogen hat. Dieser Vorgang dauert rund 10 Minuten.
2 Milch, Zucker und Trockenobst hinzufügen und 1–2 Minuten mitkochen. Die Milch- und Wassermenge können Sie je nach gewünschter Konsistenz dosieren. In einer etwas flüssigen Konsistenz schmeckt Dalia jedoch besser.

Dalia ist ein äußerst üppiges und nahrhaftes Frühstück, das jede Menge Energie spendet. Es empfiehlt sich vor allem für jene, die spät zu Mittag essen. Sie können natürlich auch nur eine kleine Portion davon essen.

Tipps:
1. Wenn Sie gerade auf Diät sind, können Sie Ghee, Nüsse und Milch weglassen. Dalia kann auch ohne Ghee geröstet und dann in Wasser gekocht werden.

Pro Person:

1 TL Ghee
3 EL Weizenschrot (Dalia)
300–400 ml Wasser
die zerstoßenen Samen von
2 Kardamomkapseln
200 ml Milch
Zucker nach Geschmack
1–2 EL gehacktes Trockenobst,
z.B. Mandeln, Rosinen,
Cashewnüsse
(nach Wunsch)

2. Sie können auch anderes Trockenobst nach Wahl verwenden. Verwenden Sie jedoch keine säuerlichen Früchte, weil sie sich nicht mit der Milch vertragen.

Grießporridge

Dieses Essen ist leichter als Dalia. Wenn Sie ein noch leichteres Frühstück bevorzugen, lassen Sie die Mandeln und Rosinen weg.

Ghee in einem Topf zerlassen und den Grieß und die zerstoßenen Kardamomsamen einrühren. Etwa 1 Minute auf kleiner Flamme unter ständigem Rühren rösten. Den Zucker hinzufügen, kurz umrühren und dann das Wasser hinzugießen. Mandeln und Obst einstreuen. Unter ständigem Rühren zum Kochen bringen und 1 Minute kochen lassen.

Tipps:
1. Sie können auch anderes Trockenobst, wie Datteln usw., sowie Cashewnüsse, Walnüsse, Kokosnuss, Pinienkerne usw. verwenden.
2. Statt mit Wasser können Sie das Rezept auch mit Milch kochen. Das ist dann ein gutes Frühstück für Kinder und für alle, die körperlich arbeiten.

Pro Person:

1 TL Ghee
2 EL Grieß
die zerstoßenen Samen von
2 Kardamomkapseln
1 EL Zucker oder
nach Geschmack
250–300 ml Wasser
5–10 Mandeln
nach Belieben
1 TL Rosinen
nach Belieben

Kartoffel-Halva

Dieses Halva wird auch für Kinder empfohlen, denn Kartoffeln sind heiß und nahrhaft. Außerdem mögen viele Kinder Kartoffelgerichte.

1 Die Kartoffeln in der Schale kochen, schälen und sorgfältig pürieren (eventuell das Handmixgerät dafür verwenden).
2 Ghee in einer Pfanne erhitzen und die pürierten Kartoffeln bei sanfter Hitze braten. Ständig wenden, damit sie nicht anbrennen. Wenn die Kartoffeln leicht gebräunt sind, Zucker und Kardamomsamen einrühren und das Ganze 2 Minuten weiterbraten.

Für 1–2 Personen:

3 mittelgroße Kartoffeln
1 EL Ghee
1 EL Zucker oder nach
Geschmack
die zerstoßenen Samen von
2 Kardamomkapseln

Porridge mit geschroteten Weizenkeimen

Auf Seite 79 wurde auf die Keimung eingegangen. Aus ayurvedischer Sicht sollten die Keime gleich zu Beginn der Keimung verzehrt werden. Dazu wird Weizen rund 24 Stunden vor der Verwendung in Wasser eingeweicht. In sehr heißen Klimazonen reichen bereits 12 Stunden aus (Einzelheiten auf Seite 79). Für dieses Rezept muss der gekeimte Weizen nur grob geschrotet werden, für das Weizen-Milch-Porridge dagegen muss der Weizen in der Kaffee- oder Getreidemühle sehr fein geschrotet und dann durch ein Sieb gegeben werden, um die Hülsen zu entfernen. Das Rezept wird besonders schwachen und genesenden Menschen empfohlen.

Das Porridge entsprechend dem Rezept für Dalia auf S. 86 zubereiten. Anstelle des Weizenschrots geschrotete Weizenkeime verwenden.

Weizen-Milch-Porridge

Pro Person:

4–5 EL Weizenkeime
300 ml Milch
1 TL Ghee (nach Belieben)
2–3 Kardamomkapseln
1 EL Zucker oder nach Belieben
5–7 Mandeln, geschält und gehackt

1 Weizenkeime in einer Küchenmaschine zu einer sehr feinen Paste schroten. Eventuell etwas Wasser hinzufügen. Das Schrot soll eine püreeähnliche Konsistenz haben. Das Weizenschrot mit Milch zu einem dünnen Brei verrühren und diesen durch ein feines Sieb abgießen, damit die Stärke ausgewaschen wird. Diese Stärke wird »Weizenmilch« genannt.

2 Die Weizenmilch mit dem Ghee und dem Kardamom in einen Topf geben und unter Rühren aufkochen. Unter ständigen Rühren etwa 5 Minuten kochen, den Zucker und die Mandeln zugeben und das Porridge bei kleinster Hitze noch weitere 2–3 Minuten kochen.

Tipp:
Bei schwacher Verdauung bereiten Sie dieses Porridge ohne Ghee und Mandeln zu.

Möhrenmus mit Milch

1 Möhren reiben. Ghee in einem Topf zerlassen und die Möhren hineingeben. Kurz umrühren, dann auf kleiner Flamme im geschlossenen Topf rund 10 Minuten weich garen. Ab und zu umrühren und eventuell 1–2 Esslöffel Wasser hinzufügen, damit die Möhren nicht anbrennen.

2 Wenn die Möhren weich und fast zu Mus zerkocht sind, Zucker und Kardamom hinzufügen und 1 Minute lang gründlich umrühren. Jetzt die Milch hinzugießen und alles zusammen durchkochen lassen. Nach Wunsch etwas Trockenobst hinzufügen. Die Konsistenz dieses Möhrenpürees ist Geschmackssache, eventuell die Milch etwas stärker einkochen lassen.

Pro Person:

2 mittelgroße Möhren
1 TL Ghee
1–2 TL Zucker
(nach Geschmack)
2–3 Kardamomkapseln
ca. 200 ml Milch
Mandeln, Rosinen oder andere Trockenfrüchte
(nach Wunsch)

Tipp:
Sie können dieses Möhrenmus auch ohne Milch zubereiten. Statt Milch gehackte Mandeln und Rosinen hinzufügen.

Das sollten Sie wissen:
Dieses Frühstück ist sehr gesund und gut für Teint und Augen.

Frühstück mit frischem Joghurt und Obst

Dieses Frühstück ist für Pitta-Menschen geeignet. Wenn Sie ein Vata-Typ sind und tagsüber viel reden müssen, sollten Sie ein warmes Frühstück einnehmen. Kapha-Typen sollten nicht zu viel Joghurt zu sich nehmen.

Zu diesem Frühstück wird weder Tee noch Kaffee getrunken. Nehmen Sie Ihren Tee oder Kaffee oder ein anderes heißes Getränk mindestens eine halbe Stunde vor Joghurt und Obst zu sich.

Es wird frischer, hausgemachter Joghurt empfohlen. Sie können süßes Obst wie Bananen, süße Äpfel oder Trauben in Ihren Joghurt geben. Essen Sie zum Joghurt keine Melonen. Papaya können Sie getrennt dazu essen, denn der Geschmack der Frucht passt nicht zum Joghurt.

Das sollten Sie wissen:
Menschen mit Gliederschmerzen oder anderen Entzündungen im Körper sollten keinen Joghurt essen.

Frühstück mit Obst

Ein reines Früchtefrühstück ist leicht und ideal für alle, die abnehmen wollen. Papaya ist zu diesem Zweck wärmstens zu empfehlen. Sie können verschiedene Früchte mischen, sollten morgens aber keine säurehaltigen Früchte essen. Zitrusfrüchte oder andere säuerlichen Früchte sind besser als Abschluss einer Mahlzeit geeignet als auf leeren Magen am frühen Morgen.

Frühstück mit gequollenen Kichererbsen

Dieses Frühstück wird besonders denjenigen empfohlen, die an Verstopfung und an verdauungsbedingten Kopfschmerzen leiden. In der ayurvedischen Tradition heißt es, dass dieses Frühstück einen stark macht wie ein Pferd.

Pro Person:

3–5 EL dunkle Kichererbsen

Kichererbsen 24 Stunden quellen lassen, bis sie weich und genießbar werden. Gründlich mit Wasser abspülen und roh verzehren. Sorgfältig kauen.

Tipp:
Wenn Sie Schwierigkeiten mit rohen Kichererbsen haben, können Sie ein wenig von der ayurvedischen Tradition abweichen und die Kichererbsen in etwas Ghee, Salz und Kreuzkümmelsamen dünsten. Sie schmecken lecker.

Marmeladen und Gelees

Marmeladen und Gelees sind eine gute Möglichkeit, Früchte zu konservieren. Sie schmecken nicht nur mit Brot zum Frühstück, sondern eignen sich auch zum Süßen von Joghurt. Diese Zubereitungen lassen sich zusammen mit frischer Sahne und Mandeln auch zu Desserts verarbeiten. Zu viel reiner Zucker ist jedoch nicht empfehlenswert und sollte nach der ayurvedischen Lehre ausgeglichen werden. Der hohe Säuregehalt mancher Früchte führt aus ayurvedischer Sicht ebenfalls zu einem Ungleichgewicht. Die Zutatenmengen hängen naturgemäß von den verwendeten Früchten ab. Früchte wie Beeren oder Trauben mit Kernen oder Guaven sollten zunächst in etwas Wasser gekocht und dann durch ein Sieb gestrichen werden. Bei anderen Früchten das Fruchtfleisch komplett verwenden und dieses nach dem folgenden Rezept zu Marmelade oder Gelee verarbeiten.

Fruchtfleisch mit Zucker auf kleiner Flamme kochen. Ab und zu umrühren. Nach etwa 15 Minuten Ingwer und Pfeffer hinzufügen und alles bei sehr milder Hitze einkochen. Die Kochzeit beträgt insgesamt 45 Minuten. Die lange Kochzeit ist wichtig, denn nicht ausreichend gekochte Marmelade schimmelt leicht.

500 g Fruchtfleisch
300 g Zucker
2 EL frisch geriebener Ingwer oder 1 EL Ingwerpulver
1/2 TL Pfeffer

Zitrusmarmelade

1 Für Marmeladen mit Zitrusschalen unbehandelte Biofrüchte kaufen. Denken Sie auch daran: Je saurer die Früchte, umso milder die Schalen. Die Schalen immer auskochen und das erste Kochwasser wegschütten. Dann weiterkochen, bis sie weich sind, anschließend sorgfältig zerstoßen. Sie können dafür die Küchenmaschine verwenden. Die Schalen jedoch nicht pürieren, sondern nur kurz zerkleinern. Dann mit Zucker kochen, aber nicht mit Ingwer und Pfeffer, sondern stattdessen mit 5 Esslöffel Zitronensaft verfeinern. Zugedeckt auf kleiner Flamme köcheln lassen und gelegentlich umrühren.
2 Die Marmelade in trockene und luftdicht verschließbare Gläser füllen und im Kühlschrank aufbewahren.

Suppen

Beginnen Sie Ihre Mahlzeit nach Möglichkeit langsam und mit einem leichten Gericht. Suppen sind sehr zu empfehlen, weil sie den Körper mit Flüssigkeit versorgen. Salate sind als Auftakt einer Mahlzeit nur in extrem heißen und trockenen Klimazonen geeignet. Rohes Gemüse, vor allem rohes Blattgemüse ist schwer verdaulich. Es wird empfohlen, die Magenfunktionen schrittweise mit einem warmen, flüssigen und bekömmlichen Gericht in Gang zu bringen. Bei windiger Witterung, die Vata ist, sind Suppen wärmstens zu empfehlen. Für Vata-Typen oder Menschen, die aufgrund einer Störung des Vata an einer Erkrankung, unter Schlafstörungen oder Verstopfung leiden, ist Suppe zum Abendessen bestens geeignet. In der ayurvedischen Küche werden neben Suppen auch andere Gerichte in flüssiger Form zubereitet. Dals, Bohnen, grüne Erbsen und verschiedene andere Gemüsesorten werden in reichlich flüssigen Saucen geschmort. Denken Sie auch daran, dass nach der ayurvedischen Lehre bis eine Stunde nach dem Essen nichts getrunken wird. In der Tat spürt man bei der Einnahme flüssiger Nahrung auch weniger das Bedürfnis, zum Essen etwas zu trinken.

Dal-Palak — Suppe mit Linsen und Spinat

Spinat wirkt adstringierend (zusammenziehend) und verursacht Blähungen. Deshalb werden Spinatgerichte mit bestimmten Zutaten zubereitet, die dieses Rasa ausgleichen.

1 Den gehackten Spinat und die Möhren, die verlesenen und gewaschenen Mung-Dal, Mischung B, Kurkuma und rund 300 ml kochendes Wasser in einen Topf geben. 20–30 Minuten auf kleiner Flamme köcheln lassen. Dabei den Topfdeckel nur halb verschließen und gelegentlich umrühren. Die Mung-Dal sollten sehr weich sein, die genaue Kochzeit hängt allerdings von der Wasserqualität ab.
2 Zum Schluss mit etwas mehr Wasser zur gewünschten Konsistenz aufgießen und wieder zum Kochen bringen. Mit Salz, Pfeffer und Zitronensaft abschmecken. Nach Wunsch mit einem Handmixgerät pürieren und mit Ghee verfeinern, Ghee passend zu den anderen Gerichten der Mahlzeit dosieren.
3 Vor dem Servieren mit gehacktem Basilikum bestreuen.

Tipp:
Wenn Sie kein Freund von Saurem sind, können Sie den Zitronensaft weglassen und das Ghee durch etwas frische Sahne ersetzen. Doch eine dieser beiden Zutaten sollten Sie wegen der adstringierenden Eigenschaften des Spinats verwenden, denn Ghee, Sahne oder Milch wirken ausgleichend dazu. Deshalb gehören auch Möhren in dieses Rezept. Spinat allein kann Blähungen und Magenbeschwerden verursachen.

Für 3–4 Personen:

200 g frischer Spinat
2 mittelgroße Möhren
100 g Mung-Dal*
1 TL Mischung B
1 TL Kurkuma (Gelbwurz)
500 ml Wasser
½ TL Salz oder nach Geschmack
1 Prise Pfeffer
1 EL frisch gepresster Zitronensaft
1 EL Ghee
1 EL gehacktes Basilikum zum Garnieren

*Mung-Dal sind gespaltene Mungbohnen ohne Hülse. Sie sind im Laden bereits fertig als Mung-Dal erhältlich und besitzen einen gelblichen Farbton.

Möhrensuppe

Für 2–3 Personen:

500 g Möhren
1 mittelgroße Kartoffel
400 ml Wasser
4 EL gehackte grüne Kräuter
¼ TL Salz
¾ TL Mischung A
½ TL Kurkuma (Gelbwurz)
1 EL Ghee oder Butter
1 EL frische Sahne
(nach Wunsch)
1 TL Mischung G zum Garnieren

1 Die Möhren und die Kartoffel waschen, schälen und hacken. Mit Wasser aufsetzen, zum Kochen bringen und die frischen Kräuter, Salz und Gewürze hinzufügen. Das Gemüse im geschlossenen Topf bei milder Hitze weich garen.

2 Das gekochte Gemüse mit dem Handmixgerät pürieren und vor dem Servieren mit Ghee oder Butter verfeinern. Sie können die Suppe auch mit Sahne anreichern oder statt Ghee oder Butter nur Sahne verwenden. Vor dem Servieren mit Mischung G bestreuen.

Tipp:
Diese Suppe ist bekömmlich und trägt zur Herstellung des Gleichgewichts im Körper bei. Sie kann kranken und schwachen Menschen gegeben werden, dann jedoch nur ¼ Teelöffel der Mischung A hinzufügen. Bei schwacher Verdauung ganz auf Mischung A verzichten und stattdessen je ½ Teelöffel Kreuzkümmel und Ajwain verwenden.

Bunte Gemüsesuppe

Für 2–3 Personen:

1 mittelgroße Möhre
100 g Brokkoli
1 mittelgroße Kartoffel
3 EL grüne Erbsen
2 mittelgroße Tomaten
300 ml Wasser
¼ TL Salz
1 Prise Pfeffer
½ TL Mischung C
½ TL Kreuzkümmel
¼ Muskatnuss (frisch gerieben)
1 EL Ghee oder Butter
½ TL Mischung G oder 1 EL frisch gehackte Kräuter zum Garnieren

Die bunte Gemüsesuppe können Sie mit verschiedenen Gemüsen nach Wahl wie grünen Erbsen, Möhren, Brokkoli, Spinat, Tomaten, Kohl usw. zubereiten. Sie können von jedem etwas nehmen. Servieren Sie diese Suppe entweder püriert oder mit ganzen Gemüsestückchen, die Sie jedoch sehr fein schneiden sollten, damit die Suppe appetitlich aussieht.

1 Das Gemüse in feine Stückchen schneiden und mit Ausnahme der Tomaten mit dem Wasser in einen Topf geben und zum Kochen bringen. 15 Minuten auf kleiner Flamme im geschlossenen Topf kochen lassen. Tomaten, Salz und die Gewürze mit Ausnahme der Muskatnuss hineingeben und weitere 10–15 Minuten im geschlossenen Topf sanft köcheln lassen. Zum Schluss mit Muskat würzen.

2 Vor dem Servieren mit Ghee oder Butter verfeinern und mit Mischung G oder frischen Kräutern garnieren.

Das sollten Sie wissen:

Die bunte Gemüsesuppe lässt sich mit beliebigen Gemüsesorten zubereiten. Manche Bohnensorten haben jedoch eine längere Garzeit. Gemüse wie Auberginen eignen sich nicht für Suppen. Wenn Sie Zucchini verwenden, sollten Sie die Suppe pürieren. Wenn Sie die Suppe ohnehin pürieren wollen, brauchen Sie das Gemüse nicht in so feine Stücke zu schneiden wie im obigen Rezept angegeben. Trotzdem sollten die Gemüsestücke eher klein sein, um die Garzeit zu verkürzen. Kochen Sie die Suppe immer auf kleiner Flamme.

Rote-Linsen-Suppe (Masur-Dal)

1 Linsen waschen und rund 10 Minuten in Wasser einweichen. Das Wasser in einen großen Topf mit 2 Liter Fassungsvermögen gießen und zum Kochen bringen.

2 Die eingeweichten Linsen abgießen und in den Kochtopf schütten. Kurkuma hinzufügen und aufkochen lassen. Inzwischen die klein geschnittenen Möhren hinzufügen. Wenn alles kocht, die Hitze zurücknehmen und 15 Minuten auf kleiner Flamme köcheln lassen. Dann die klein geschnittenen Tomaten und die in halbe Ringe geschnittenen Zwiebeln dazugeben. Die restlichen Gewürze und das Salz hinzufügen.

3 Wieder aufkochen lassen und dann weitere 15 Minuten auf kleiner Flamme köcheln lassen. Je nach Wasserqualität etwas länger kochen lassen oder etwas mehr Wasser hinzugießen.

4 Wenn die Suppe fertig ist, vom Herd nehmen und den Knoblauch untermischen. Vor dem Servieren mit Butter oder Ghee verfeinern.

Für 3–4 Personen:

150 g rote Linsen
1 l Wasser
1 TL Kurkuma (Gelbwurz)
4 mittelgroße Möhren
5 mittelgroße Tomaten
2 mittelgroße Zwiebeln
1 TL Mischung A
$1/3$–$1/2$ TL Salz
$1/2$ TL Mischung B
$1/2$ TL Mischung C
4–6 gehackte Knoblauchzehen
2 EL Butter oder Ghee

Das sollten Sie wissen:

Diese Suppe wirkt belebend und ist reich an unterschiedlichen Rasas. Sie gibt allein eine komplette Mahlzeit ab und kann auch mit einem heißen Fladenbrot und etwas Butter serviert werden (in Indien reicht man Tandoori Roti oder Nan dazu).

Paneer-Suppe

Für 4 Personen:

Frischer Paneer aus 1 l Milch
1 EL Zitronensaft
2 EL Ghee
3 mittelgroße Zwiebeln, fein gehackt
2 EL frischer, fein gehackter Ingwer
⅓ TL Salz
1 TL Mischung A
1 TL Ajwain
1 TL Kreuzkümmel
½ TL Kalonji
5–6 mittelgroße Tomaten
1 TL Rohrzucker
4 Knoblauchzehen (nach Wunsch)
3 EL gehackte Koriander- oder Petersilienblättchen

Pro Person benötigen Sie 250 ml Milch für den Paneer. Das Rezept ist für 4 Personen und 1 l Milch berechnet.

1 Die Milch in einen großen Topf gießen, zum Kochen bringen und den Zitronensaft hinzufügen. Nach der Beschreibung auf Seite 78 Paneer herstellen. Den Topf beiseite stellen.

2 Ghee in einen zweiten Topf geben und über mittlerer Hitze zerlassen. Die fein gehackten Zwiebeln und den Ingwer unter Rühren darin andünsten. Dann alle Gewürze hineingeben und etwa 1 Minute umrühren. Die fein geschnittenen Tomaten unterrühren. Topf verschließen und auf kleiner Flamme in rund 10 Minuten langsam köcheln lassen. Ab und zu umrühren, damit nichts anbrennt.

3 Wenn die Sauce fertig ist, zum Paneer gießen, gut verrühren und bei kleiner Hitze rund 10 Minuten durchköcheln lassen. Dabei auch den Zucker hinzufügen. Vom Herd nehmen und den gehackten Knoblauch untermischen. Wenn Sie bereits ein anderes Gericht mit Knoblauch servieren, können Sie ihn hier weglassen.

Das sollten Sie wissen:
Auch diese Suppe ist sehr gehaltvoll und eigentlich schon eine komplette Mahlzeit. Kreuzkümmel und Ajwain gehören in dieses Rezept, weil bei manchen Menschen aufgrund der Säure – der Paneer enthält Zitronensaft und die Sauce viele Tomaten – Verdauungsbeschwerden auftreten. Deshalb wird auch mit Zucker gesüßt.

Kürbissuppe

Diese Suppe geht ganz einfach zuzubereiten. Nach der Ayurveda-Lehre muss der Kürbis jedoch richtig reif sein. Ihrem ayurvedischen Wesen nach sind junge Kürbisse kalt, überreife dagegen heiß. Unreifes oder überreifes Gemüse wird mit heißen oder kalten Gewürzen ausgeglichen.

1 Kürbis schälen und in kleine Stücke schneiden. Mit Wasser aufsetzen und im geschlossenen Topf auf kleiner Flamme ganz weich garen.
2 Kardamomsamen aus den Kapseln lösen und mit den übrigen Gewürzen im Mörser mehlfein zerstoßen. Die Gewürze mit dem Salz in den Topf geben und 2 Minuten durchköcheln lassen.
3 Die Milch einrühren und aufkochen lassen. Etwas abkühlen lassen und pürieren. Vor dem Servieren jede Portion mit etwas Butter verfeinern.

Für 2–3 Personen:

400 g Kürbis
200 ml Wasser
4 kleine Kardamomkapseln
1/2 TL Kreuzkümmel
6–7 Pfefferkörner
1/4 TL Dillsamen
1/4 TL Salz
100 ml Milch
1–2 TL Butter
(nach Wunsch)

Grüne Gemüsesuppe

In jedem Land gibt es unterschiedliche grüne Blattgemüse. Man kann verschiedene grüne Gemüsesorten mischen und daraus eine Suppe kochen. Die Blätter von Rettich, Roten Beten und Pastinaken, die gewöhnlich weggeworfen werden, lassen sich ebenfalls in einer Suppe verarbeiten. Am besten mischt man verschiedene Sorten grüner Blattgemüse. Es gibt ein Gemüse, das auf Hindi Bathua heißt (Weißer Gänsefuß auf Deutsch und *Chenopodium album* auf Lateinisch) und aus ayurvedischer Sicht gesund ist, da es die drei Körperenergien ins Gleichgewicht bringt. Wenn es in Ihrer Gegend gedeiht und Sie es bekommen können, geben Sie es in Suppen oder kochen Sie es als Gemüse mit Mischung B (nehmen Sie dafür das Rezept für Weißkohl mit Mischung B auf Seite 117).

1 Das gemischte grüne Blattgemüse waschen und zurechtschneiden. Die Kartoffeln schälen und klein würfeln. Alles mit Wasser aufsetzen und bei schwacher Hitze im geschlossenen Topf köcheln lassen. Je nach Gemüsesorten und Jahreszeit dauert der Garvorgang bis zu 20 Minuten. Die Gewürze hinzufügen und 5 Minuten auf kleiner Flamme weiterkochen.
2 Mit dem Handmixgerät sorgfältig pürieren und vor dem Servieren mit Butter oder Ghee verfeinern.

Das sollten Sie wissen:
Statt mit Kartoffeln können Sie die Suppe mit 1–2 Esslöffel Maismehl andicken.

Für 2–3 Personen:
200 g gemischtes grünes Gemüse
2 mittelgroße Kartoffeln
300 ml Wasser
1 TL Mischung C
1/2 TL gemahlener Kreuzkümmel
1 Prise schwarzer Pfeffer
1 Prise gemahlene Mazis
1/4 TL Salz
1 TL Butter oder Ghee

Spinatsuppe

Sie können die Spinatsuppe auch nach demselben Rezept wie die grüne Gemüsesuppe zubereiten. Geben Sie dann statt des Blattgemüses Spinat und am Schluss etwas Milch oder Sahne dazu. Eine weitere Alternative ist die Zugabe von 1 Esslöffel Sojamehl.

1 Spinat waschen und rund 15 Minuten in 200 ml Wasser bei milder Hitze in einem geschlossenen Topf garen. Gewürze und Salz hinzufügen und weitere 5 Minuten im geschlossenen Topf kochen.

2 Ghee oder Butter in einem Wok oder einer Pfanne erhitzen und das Sojamehl 1 Minute bei schwacher Hitze darin anschwitzen. Etwa 100 ml Wasser einrühren, bis die Mehlschwitze eine gleichmäßige Konsistenz annimmt. Zum gekochten Gemüse geben und sorgfältig verrühren.

3 Mit dem Handmixgerät pürieren. Wenn die Suppe zu dick gerät, etwas Wasser hinzufügen und nach dem Mixen kurz durchkochen lassen.

Für 2–3 Personen:

200 g Spinat
300 ml Wasser
1 TL Mischung C
1/2 TL gem. Kreuzkümmel
1/2 TL gemahlener Ajwain
1 Prise Pfeffer
1/4 TL Salz
1 EL Ghee oder Butter
1 1/2 EL Sojamehl

Lauchsuppe

Lauch ist ein schmackhaftes Gemüse, das sich gut für Suppen eignet. Es ist nicht so dominant wie Zwiebeln, gehört aber zur gleichen Gemüsefamilie. Lauch ist seinem ayurvedischen Wesen nach kalt und passt daher sehr gut zu Kartoffeln. Auf diese Weise wird er auch in vielen europäischen Ländern zubereitet. Lauch ist kein indisches Gemüse und wird in Indien bis heute nicht in kommerziellem Maßstab angebaut.

1 Lauch waschen und klein schneiden. Kartoffeln schälen, waschen und ebenfalls in kleine Stücke schneiden. Das Wasser zum Kochen bringen und das Gemüse hineingeben.
2 Das Gemüse auf kleiner Flamme rund 20 Minuten leise köcheln lassen, bis es ganz weich ist. Leicht abkühlen lassen und mit dem Handmixgerät pürieren.
3 Jetzt bis auf die Mischung G und das Basilikum die Gewürze hinzufügen, gut verrühren und 5 Minuten durchkochen lassen. Vor dem Servieren mit der Sahne verfeinern.
4 Die Suppe mit der Mischung G und dem gehackten Basilikum garnieren.

Tipp:
Wenn Sie keine Sahne zur Hand haben, kochen Sie das Gemüse mit der halben Menge Wasser und ersetzen Sie die andere Hälfte durch Milch. Geben Sie die Milch aber erst nach dem Pürieren dazu. Sie können statt Sahne auch Butter verwenden, aber dann schmeckt die Suppe nicht so fein.

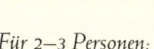

Für 2–3 Personen:

2 Lauchstangen
2 mittelgroße Kartoffeln
½ l Wasser
¼ TL Salz
1 Prise Pfeffer
¼ Muskatnuss, gerieben
1 Prise geriebene Mazisblüte
½ TL Mischung C
½ EL Mischung G
6 Basilikumblätter
2 EL frische Sahne

Warme Vorspeisen

Wie ich bereits bei den Suppen erwähnt habe, empfiehlt Ayurveda im Allgemeinen, die Mahlzeit mit einem warmen und bekömmlichen Gericht zu beginnen. Kalte Vorspeisen wie Salate, vor allem Blattsalate, sind als Auftakt weniger geeignet. Ich habe im Hinblick auf die westliche Tradition, die neben Suppen auch andere warme Vorspeisen kennt, die folgenden Rezepte zusammengestellt.

Gebratener Paneer

1 Aus 1 Liter Milch und Zitronensaft Paneer für etwa 4 Personen herstellen. Den Paneer in ein Mulltuch geben und fast das gesamte Wasser abtropfen lassen.

2 Kreuzkümmel in einer heißen Pfanne rösten. In einer richtig heißen Pfanne dauert das ca. 30 Sekunden. Den gerösteten Kreuzkümmel, die übrigen Gewürze und das Salz mit dem Paneer vermischen. Die Masse wieder in das Tuch wickeln und mit einem Gewicht beschweren und flach drücken.

3 Das Gewicht nach einiger Zeit entfernen und den geformten Paneer in Stücke schneiden.

4 Eine beschichtete Pfanne mit etwas Ghee ausreiben und die Paneerstücke darin braten. Wenn die eine Seite leicht gebräunt ist, wenden und auch die andere Seite braten.

Tipp:
Sie können den gebratenen Paneer mit Tomaten- und Gurkenscheiben umkränzen und servieren.

Für 4 Personen:

1 l Milch
1 EL Zitronensaft
1/2 TL Kreuzkümmel
1/2 TL Ajwain
1 Prise Pfeffer
1 Prise Salz
1 TL Ghee oder Butter

Fladenbrot mit Mandeln und Rosinen

1 Mandeln und Rosinen in einem Mörser oder einer Küchenmaschine zerkleinern, aber nicht zu fein mahlen.

2 Butter oder Ghee leicht erwärmen und die Mischung G und den Ajwain hineingeben. Wenn Ihr Fladenbrot ungesalzen ist, auch das Salz einstreuen. Gut vermischen.

3 Das Brot erwärmen und mit der vorbereiteten Kräuterbutter oder Gheemischung bestreichen. Dann mit einer dünnen Lage Mandeln und Rosinen bestreuen.

Für 2–3 Personen:

2 Fladenbrote
15 geschälte Mandeln
1 EL Rosinen
1 TL Butter oder Ghee
1/2 TL Mischung G
1 Prise Ajwain
1 Prise Salz (falls das Brot ungesalzen ist)

Blumenkohlgericht

Für 2–3 Personen:

1 mittelgroßer Blumenkohl
⅓ TL Salz
½ TL Pfeffer
½ TL Farinzucker
1 EL frischer Zitronensaft
1 Paprikaschote
1 Gurke
1 gekochte Rote Bete
1 EL Ghee oder Speiseöl
1 EL frischer, geriebener Ingwer
½ TL Dillsamen
1 TL Mischung C

1 Blumenkohl waschen und in 2–3 cm kleine Stückchen schneiden. 1 Esslöffel Wasser in einen gut schließenden Topf geben. Die Blumenkohlröschen hineinsetzen und zugedeckt auf kleiner Flamme dämpfen. Nach etwa 2 Minuten umrühren. Die Kochzeit hängt von der Qualität des Gemüses, der Jahreszeit usw. ab. Sie brauchen das Gemüse aber nur vorkochen, bis es etwa halb gar ist. Wenn Sie zu viel Wasser in den Topf gegeben haben, bei offenem Topf verdunsten lassen.

2 Salz, Pfeffer und den Zucker mit dem Zitronensaft vermischen und gründlich verrühren.

3 Paprika, Gurke und die gekochte Rote Bete putzen und in kleine Stücke schneiden. Mit der Hälfte der Zitronensaftmischung benetzen.

4 Ghee oder Öl in einer Pfanne erhitzen und den Ingwer darin andünsten. Unter den vorgedämpften Blumenkohl rühren. Dillsamen und Mischung C hinzufügen und alles unter Rühren 3 Minuten durchkochen lassen. Den restlichen Zitronensaft unterrühren.

5 Zum Servieren das bunte rohe Gemüse kranzförmig auf Tellern anrichten und den Blumenkohl in die Mitte setzen.

Teigwaren

Auf der ganzen Welt werden Teigwaren in verschiedenen Formen und aus verschiedenen Mehlsorten hergestellt. Italienische Pasta ist besonders gut, weil sie meist frisch zubereitet wird. Pasta besteht in der Regel aus Weizenmehl, aber in Asien gibt es auch Reisnudeln. Nudeln mit buntem Gemüse und verschiedenen Kräutern ergeben köstliche Gerichte. Außerdem sind sie schnell zubereitet und können Brot ersetzen, das aus ayurvedischer Sicht *basa* ist.

Vollkornnudeln sind am besten. Lassen Sie sich aber nicht von Wortschöpfungen wie »braune Nudeln« irreführen. Meistens handelt es sich dann nur um gefärbte Nudeln aus weißem Mehl. Lesen Sie sich die Liste der Inhaltsstoffe genau durch, bevor Sie Ihre Nudeln kaufen.

Für welches Nudelrezept Sie sich letztlich entscheiden, hängt von Ihrer Gesamtmahlzeit ab. Wenn Sie eine Gemüsesuppe und einen Salat servieren und noch etwas Sättigendes brauchen, können Sie die einfachen Rezepte auf diesen Seiten zubereiten. Weiter hinten finden Sie die aufwendigeren Rezepte mit Käse, Paneer usw., die auch üppiger ausfallen und allein bereits eine komplette Mahlzeit ergeben.

Nudeln mit Kreuzkümmel

Für 2–3 Personen:

200 g Nudeln
¼ TL Salz
1 EL Butter oder Ghee
1 TL Kreuzkümmel
¼ TL Fenchelsamen
1 EL fein gehackter Schnittlauch

1 Nudeln mit ¼ TL Salz in Wasser garen und abgießen.
2 Butter oder Ghee in einer Pfanne zerlassen und Gewürze und Schnittlauch hineingeben. Etwa 2 Minuten unter Rühren auf sehr kleiner Flamme dünsten.
3 Die gekochten Nudeln hineingeben und darin schwenken. Gut vermischen.

Nudeln mit Zwiebeln und Knoblauch

Eine einfache Variation des vorhergehenden Rezepts: Eine Zwiebel fein hacken und dünsten, den Schnittlauch dafür weglassen. Nudeln mit denselben Gewürzen wie oben verfeinern und gegen Ende 3–4 Knoblauchzehen hinzufügen.

Nudeln mit Rucola

Für 2–3 Personen:

200 g Nudeln
¼ TL Salz
100 g Rucola
¼ TL Dillsamen
½ TL Gewürzmischung F
4 Kardamomkapseln
1 EL Butter oder Ghee

Rucola ist ein ausgezeichnetes grünes Blattgemüse. Es versorgt uns mit dem bitteren Rasa, das in der modernen Küche meist fehlt. Aufgrund des dominierenden bitteren Rasa ist Rucola aus ayurvedischer Sicht ein kaltes Gemüse. Da Nudeln in ihrer ayurvedischen Beschaffenheit ebenfalls kalt sind, wird mit den heißen Gewürzen ein Ausgleich geschaffen.

1 Pasta mit einer Prise Salz in Wasser kochen und abgießen.
2 Rucolablätter waschen und klein schneiden, dann mit Salz und den Gewürzen (ohne Kardamom) in Ghee oder Butter dünsten. Die zarten Rucolablätter sind in ca. 5 Minuten gar. Bei überreifen Blättern kann sich die Garzeit jedoch etwas verlängern.
3 Die Kardamomsamen pulverfein zerstoßen und zusammen mit den Nudeln unter das Gemüse geben. Etwa 1 Minute umrühren.

Nudeln mit Spinat

Auf dieser Seite sehen Sie verschiedene Rezeptvorschläge für Nudeln mit Spinat.

Variation 1

Nehmen Sie das vorhergehende Rezept und ersetzen Sie den Rucola durch Spinat und geben Sie noch 1/4 Teelöffel von Mischung C dazu. Am Schluss 1 Esslöffel Sahne einrühren. Statt Sahne können Sie auch Paneer oder Mozzarella verwenden.

Variation 2

Eine Zwiebel in Ghee dünsten, zwei gewürfelte Tomaten, Salz und Mischung A hinzufügen. Köcheln lassen, bis die Sauce gar ist. Dann gekochten und pürierten Spinat unterheben. Das Gemüse anschließend noch ca. 5 Minuten durchkochen lassen. Die vorgekochten Nudeln mit dieser Gemüsesauce überziehen. 1 Teelöffel Kreuzkümmelsamen 30 Sekunden in einer heißen Pfanne rösten. Dabei ständig wenden. Die Kreuzkümmelsamen fein mahlen und das Nudelgericht damit bestreuen; es erhält dadurch eine ganz aparte Note.

Variation 3

Geben Sie etwas Paneer unter das zweite Rezept. Dazu den Paneer fein würfeln und in einer beschichteten Pfanne mit etwas Ghee braten. Ganz zum Schluss unter das vorhergehende Nudelgericht mischen.

Basilikumnudeln

Für 2–3 Personen:

200 g Nudeln
½ TL Salz oder nach Geschmack
2 mittelgroße Zwiebeln
2 EL Ghee oder Butter
4 mittelgroße Tomaten
1 Paprikaschote
1 TL Mischung C
1 TL Ajwain oder Thymian
¼ TL Pfeffer
½ grüne Chilischote oder 1 Prise Chilipulver (nach Wunsch)
2 Knoblauchzehen
100 g geriebener Parmesan
ca. 20 frische Basilikumblätter

1 Die Nudeln in Salzwasser garen und abgießen.

2 Die Zwiebeln in halbe Ringe schneiden und in 1 Esslöffel Butter oder Ghee goldbraun dünsten. Tomaten und Paprika fein würfeln und hinzufügen. Umrühren und bei milder Hitze ca. 7 Minuten mitgaren. Ab und zu umrühren. Mischung C, Salz, Ajwain, Pfeffer und eventuell Chili hinzufügen. 10 Minuten weiterkochen lassen. Am Schluss den Knoblauch hinzufügen und den Topf vom Herd nehmen. Das Gemüse sollte nicht mehr kochen, sobald der Knoblauch dazukommt.

3 In einer Pfanne ½ Teelöffel Ghee erhitzen und die Nudeln unter Rühren darin heiß werden lassen.

4 Die heißen Nudeln kranzförmig auf Tellern anordnen und das Gemüse in die Mitte häufen. Mit geriebenem Parmesan bestreuen. Die Basilikumblätter sehr fein hacken und über das Gemüse in der Mitte streuen.

Nudeln mit Gemüse und Minze

Für 2 Personen:

Gewürzmischung aus 4 Kardamomkapseln, 3 Gewürznelken, 3 Mazis, ½ TL getrocknetes Basilikum
200 g Nudeln
2 EL Olivenöl oder Sesamöl
2 Zwiebeln, 1 Zucchini
1 EL fein gehackter frischer Ingwer
½ TL Salz, 1 Prise Pfeffer
je ½ TL Ajwain, Dillsamen, Kreuzkümmel
4 mittelgroße Tomaten, fein gewürfelt
2 Knoblauchzehen, fein gehackt
10–15 frische Minzeblättchen

1 Für die Gewürzmischung die Kardamomsamen aus ihren Kapseln lösen und mit den anderen Gewürzen fein mahlen.

2 Die Nudeln in Salzwasser garen und abgießen.

3 Etwas Öl in einer Pfanne erhitzen und die in halbe Ringe geschnittenen Zwiebeln und den Ingwer darin hell golden andünsten. Dann die gewürfelte Zucchini hinzufügen. 4–5 Minuten unter Rühren dünsten, dann Salz und Pfeffer sowie Ajwain, Dillsamen und Kreuzkümmel einstreuen und 1 Minute unter Rühren mitdünsten. Jetzt die Tomaten sorgfältig untermischen. Gemüsepfanne abdecken und langsam bei schwacher Hitze schmoren lassen, bis die Tomaten vollständig gar sind. Ab und zu umrühren. Zum Schluss die Gewürzmischung und den Knoblauch hinzufügen und vom Herd nehmen.

4 Das restliche Öl in einer Pfanne erhitzen und die Nudeln darin erwärmen. Die Nudeln in die Mitte der Teller häufen und mit Gemüse umgeben. Die Portionen mit fein gehackter Minze bestreuen und mit jeweils 4 ganzen Minzeblättchen garnieren.

Reis

Es gibt viele verschiedene Reissorten, und für einen Großteil der Weltbevölkerung ist Reis das wichtigste Grundnahrungsmittel. Im Westen spielt Reis eine untergeordnete Rolle, aber durch die zunehmende Bedeutung vegetarischer Ernährungsweisen wird auch mehr Reis gegessen. Reis ist empfindlich und verlangt Sorgfalt bei der Zubereitung. Es gibt eine große Vielzahl an Reisgerichten. Meine Rezepte sind für Basmatireis geschrieben. Der in der ayurvedischen Küche stark empfohlene Shali-Reis wird nur in einigen Regionen des Himalaya angebaut und immer mehr vom beliebten Basmatireis verdrängt. Da der Shali so selten ist, führe ich keine Rezepte dafür auf. Normalerweise benötigt man für Shali-Reis die zweieinhalbfache Menge Wasser, für Basmatireis die doppelte Menge Wasser.

Einfacher Reis

Für 3 Personen:

*1 Tasse (oder ein anderes Messgefäß),
ca. 200 g Basmatireis
2 Tassen (oder das doppelte Reis-Volumen) Wasser
3 Kardamomkapseln
5 Gewürznelken*

Je nach Zusammenstellung der Mahlzeit und Appetit veranschlagt man durchschnittlich 50–75 g ungekochten Reis pro Person. Menschen, die körperlich arbeiten oder Reis als Grundnahrungsmittel verwenden, essen in der Regel große Mengen Reis.

Sie brauchen zum Reiskochen immer das doppelte Volumen an Wasser. Messen Sie Ihren Reis mit einem beliebigen Glas oder einer Tasse aus und nehmen Sie dann einfach die doppelte Menge Wasser.

1 Reis sorgfältig waschen, dann 10–15 Minuten in Wasser einweichen. Für den einfachen Reis das Wasser in einen Topf mit schwerem Boden gießen.

2 Die Kardamomsamen aus ihren Kapseln lösen und zusammen mit den Gewürznelken in den Topf geben.

3 Wasser im verschlossenen Topf zum Kochen bringen. Den eingeweichten Reis durch ein Sieb abgießen und ins kochende Wasser schütten. Den Reis dann im verschlossenen Topf bei ganz schwacher Hitze langsam garen. Nach etwa 8 Minuten (oder je nach Qualität des Reises etwas länger) entwickelt sich der feine Basmatiduft.

4 Reis vom Herd nehmen und stehen lassen. Den Topfdeckel beschweren oder mit einer Serviette abdecken, damit der Dampf nicht entweichen kann. Vor dem Servieren rund 5 Minuten ruhen lassen.

Das sollten Sie wissen:
Kardamom und Gewürznelken sorgen für das Gleichgewicht von Vata und Kapha.

Tipps:
Diese Zubereitung kommt ohne Salz aus. Sie erleben so den reinen Geschmack. Normalerweise wird dieser Reis mit Gemüsegerichten gegessen. Reste können mit Milch aufgekocht und zu einem Dessert verarbeitet werden (siehe Nachspeisen-Kapitel).

Safranreis

Zur Herstellung von Safranreis die Gewürze im vorhergehenden Rezept durch 250 mg (¼ g) Safran ersetzen. Der Reis erhält einen zarten Safrangeschmack und einen lebhaften Gelbton.

Salziger Reis mit Zwiebeln

Für 3 Personen:

1 Tasse, ca. 200 g, Basmatireis
2 Tassen kochend heißes Wasser (doppeltes Reisvolumen)
2 mittelgroße Zwiebeln
1 EL Speiseöl oder Ghee
die Samen von 3 Kardamomkapseln
5 Gewürznelken
2–3 Lorbeer- oder Zimtblätter
1 ½ TL Kreuzkümmel
⅓ TL Salz oder nach Geschmack

1 Den Reis drei- bis viermal waschen und 10–15 Minuten in Wasser einweichen.
2 Zwiebeln in Ringe schneiden. Das Öl in einem Topf erhitzen und die Gewürze hineingeben. Die Zwiebel dazugeben und hellbraun dünsten. Salzen. Den Reis abgießen und in den Topf schütten. Sanft verrühren und bei schwacher Hitze anrösten. Nach 1 Minute mit kochendem Wasser übergießen. Topf mit einem gut sitzenden Deckel verschließen und den Reis bei sehr schwacher Hitze garen. Wenn Sie einen Wärmeverteiler besitzen, diesen zwischen Herdplatte und Topf schieben. Die Garzeit beträgt 8–9 Minuten, kann aber je nach Beschaffenheit von Reis, Wasser bzw. Hitze abweichen.
3 Basmatireis vom Herd nehmen, sobald er seinen typischen Duft verströmt. Reis noch 10 Minuten nachdämpfen lassen. Dabei den Topfdeckel mit einer Serviette abdecken.

Tipps:
Zerkochter Reis wird klebrig und verliert seine Form. Nicht ausreichend gegarter Reis führt zu einer Störung des Vata. Reis sollte deshalb immer sehr sorgfältig zubereitet werden. Mit ein wenig Übung werden Sie die Garzeiten auf Ihre persönlichen Verhältnisse abstimmen können. Die Zugabe von kochend heißem statt kaltem Wasser macht die Zubereitung einfacher.

Dieses Reisgericht ergibt zusammen mit einem gemischten Salat eine komplette Mahlzeit. Gewöhnlich werden verschiedene Reisgerichte mit einer Joghurtsauce namens Rayata zum Mittagessen serviert. Abends zeitigt Joghurt jedoch schädliche Wirkung und ist daher nicht zu empfehlen. Rezepte für verschiedene Rayatas sehen Sie auf den Seiten 164–165.

Bunter Gemüsereis

Für 3 Personen:

- 1/2 Tasse, ca. 100 g, Basmatireis
- 1 EL Speiseöl oder Ghee
- 1 TL Kreuzkümmel
- 3 Kardamomkapseln
- 5 Gewürznelken
- 1/4 TL Pfeffer
- 1/4 TL Salz (oder nach Geschmack)
- 1 mittelgroße Zwiebel, in Ringe geschnitten
- 6 EL zarte grüne Erbsen
- 1 große oder 2 kleine Paprikaschoten
- 2 mittelgroße Möhren, gerieben
- 1 EL Rosinen
- 1 Tasse Wasser
- 1 EL Koriandergrün oder Selleriegrün, gehackt

1 Reis waschen und einweichen lassen. Öl oder Ghee in einem Topf erhitzen und Gewürze und Salz hineingeben. Zwiebeln sofort hinzufügen und 1 Minute bei mittlerer Hitze andünsten. Die zarten grünen Erbsen einstreuen und 2 Minuten mitdünsten. Ab und zu umrühren. Paprika und geriebene Möhren hinzufügen. Das Gemüse gut verrühren und 2 weitere Minuten im geschlossenen Topf dünsten.

2 Den eingeweichten Reis abgießen und zum Gemüse geben. Etwa 1 Minute sanft umrühren. Die Wärmezufuhr reduzieren.

3 Das Wasser in einem zweiten Topf zum Kochen bringen und dann in den Reistopf gießen. Topf verschließen und bei sanfter Hitze leise köcheln lassen. Wie in den vorhergehenden Rezepten erwähnt, beträgt die Garzeit für den Reis 8–9 Minuten. Den Reis dann vom Herd nehmen, Rosinen vorsichtig einrühren, alles 10 Minuten im geschlossenen Topf nachdämpfen lassen. Topfdeckel dabei mit einer Serviette abdecken.

4 Das Reisgericht mit gehackten Kräutern bestreuen und servieren.

Süß-saurer Gewürzreis

Für 3 Personen:

- 1 EL Ghee
- 2 EL fein gehackter Ingwer
- 1 Paprikaschote, gewürfelt
- 2 mittelgroße Möhren, gerieben
- einige Spinatblätter, fein gehackt
- 1 TL Mischung C
- 1/3 TL Salz
- 1/2 Tasse, ca. 100 g, Basmatireis
- ca. 200 ml kochendes Wasser
- 2 EL Rosinen
- 1 fein geschnittene grüne Chilischote
- 3 Knoblauchzehen, fein gehackt
- 1 EL Zitronensaft

1 Ghee bei mittlerer Hitze in einem Topf erwärmen und Ingwer, Paprika, Möhren und Spinat hinzufügen. Das Gemüse unter Rühren andünsten. Eventuell die Hitze herunterschalten und 1 Esslöffel Wasser hinzufügen, damit das Gemüse nicht anbrennt. Topf verschließen. Das Gemüse 5–7 Minuten schmurgeln lassen, anschließend Salz und Gewürze hinzufügen.

2 Den gewaschenen und eingeweichten Reis abgießen und sanft unter das Gemüse rühren. Nach 1 Minute das kochende Wasser hinzugießen. Bei kleiner Flamme im geschlossenen Topf sanft garen.

3 Nach etwa 7 Minuten die Rosinen, den Chili und den Knoblauch vorsichtig in die obere Reisschicht einrühren. Topf sofort wieder verschließen und nach 2 Minuten vom Herd nehmen. 10 Minuten zugedeckt nachdämpfen lassen. Dazu den Topf mit einer Serviette abdecken.

4 Vor dem Servieren mit Zitronensaft verfeinern.

Tipp:
Mittags können Sie zu diesem Reisgericht ein Bananen-Rayata (Rezept siehe Seite 164) essen. Wenn Sie den Reis zum Abendessen servieren, reichen Sie süß-saures Chutney oder eine Zitrusmarmelade dazu. Scheiben von frischem, süßem und saftigem Obst wie Mangos, Äpfel, Pfirsiche und Ananas passen ebenfalls dazu.

Grüner Reis

1 Reis waschen und wie in den vorhergehenden Rezepten beschrieben mindestens 10 Minuten einweichen lassen.
2 Die Zwiebel fein hacken und kurz in Ghee andünsten, dann Kreuzkümmel, Mischung C und Salz einrühren. Jetzt das Blattgemüse hinzufügen und umrühren. Das Gemüse etwa 5 Minuten bei milder Hitze im geschlossenen Topf garen. Topf öffnen, umrühren und eventuell überschüssige Flüssigkeit einkochen lassen.
3 Den Reis abgießen und sanft in die Gemüsemischung rühren. Das kochende Wasser hinzufügen. Auf kleiner Flamme zugedeckt garen. Wenn sich nach 8–9 Minuten der typische Basmatiduft entfaltet, Topf vom Herd nehmen und 10 Minuten nachdämpfen lassen. Dabei mit einer Serviette abdecken. Dieses Reisgericht verfärbt sich wegen der Blattgemüse grün.

Für 3 Personen:

½ Tasse, ca. 100 g, Basmatireis
1 mittelgroße Zwiebel
1 EL Ghee
1 TL Kreuzkümmel
1 TL Mischung C
¼ TL Salz oder nach Geschmack
200 g gemischtes grünes Blattgemüse
1 Tasse, ca. 200 ml, kochendes Wasser

Gebratener Reis

Gebratener Reis hat nichts zu tun mit den fetttriefenden und zu stark gewürzten Zubereitungen, die man in manchen asiatischen Restaurants aufgetischt bekommt. In der ayurvedischen Küche verwenden wir relativ wenig Fett und eine wohl dosierte Menge an Gewürzen. Für die Rezepte mit gebratenem Reis wird nicht roher, sondern der vorgekochte Reis nach dem Grundrezept verwendet. Einfacher gekochter Reis hält sich bis zu zwei Tage im Kühlschrank. Sie können also gleich mehrere Zubereitungen ausprobieren. Gebratener Reis hat einen ganz anderen Geschmack als Reis, der zusammen mit Gemüse gegart wird.

Reis mit Paprika, Brokkoli und Ingwer

Für 2 Personen:

100 g Brokkoli
2 EL Ghee oder Speiseöl
1 EL gehackter frischer Ingwer
½ TL Kreuzkümmel
½ TL Mischung A
¼ TL Salz
2 mittelgroße Paprikaschoten, in schmale Streifen geschnitten
2–3 Schalen einfacher gekochter Reis

1 Brokkoli in winzig kleine Röschen teilen. Ghee oder Öl in einer Pfanne oder einem Wok erhitzen und den Brokkoli darin einige Minuten umrühren. Ingwer und Gewürze hinzufügen. Nach 1 Minute den Paprika dazugeben.

2 Das Gemüse kurz umrühren, dann den Reis portionsweise unterheben und vorsichtig verrühren. Die Hitze zurücknehmen, damit der Reis nicht anbrennt. Reis und Gemüse gründlich vermischen, Pfanne oder Wok verschließen und den Reis 1 Minute im Dampf erwärmen.

Reis mit grünen Erbsen

Für 2–3 Personen:

2 EL Ghee oder Speiseöl
1 TL Kreuzkümmel
¼ TL Salz
1 mittelgroße Zwiebel, in Ringe geschnitten
1 Schale junge grüne Erbsen
2–3 kleine Schalen einfacher gekochter Reis

1 Ghee oder Öl in einem Wok oder einer Pfanne erhitzen. Kreuzkümmel und Salz hineingeben. Halbe Zwiebelringe hinzufügen und kurz andünsten. Die zarten Erbsen einrühren, Pfanne oder Wok verschließen und das Gemüse darin garen. Zarte Erbsen sind in rund 3 Minuten fertig, größere und festere Erbsen brauchen entsprechend länger.

2 Dann nach und nach den Reis hinzufügen und sanft einrühren. Pfanne oder Wok wieder abdecken und Reis 1 Minute im Dampf erwärmen.

Das sollten Sie wissen:

Die Qualität der grünen Erbsen ist entscheidend. Überreife Erbsen sind reich an Vata. Wenn Sie keine jungen Erbsen bekommen und das Rezept mit reifen oder überreifen Erbsen zubereiten wollen, die Erbsen zunächst mit ½ Teelöffel Ajwain weich garen. Sie können auch einen Salat mit etwas Knoblauch zu diesem Gericht reichen, um die Vata-Wirkung dieser Erbsen auszuschalten. Mit jungen zarten Erbsen schmeckt das Reisgericht jedoch ohnehin besser.

Einige andere Getreidearten

Auf den vorhergehenden Seiten habe ich verschiedene Zubereitungsarten für Reis mit Gemüse beschrieben. Es gibt noch andere Getreidearten, die man auf ähnliche Weise zubereiten kann. Da die ayurvedische Ernährungsweise möglichst wenig vorgebackenes Brot (das gilt vor allem für Brote mit Hefe) verwendet, sollte man unbedingt ein paar Rezepte für frisches und warmes Brot aus Weizen oder anderen Getreidearten wie Hirse kennen (s. S. 69). Aber auch aus Körnern und Gemüse lässt sich schnell ein Gericht zaubern.

Bei den Frühstücksrezepten habe ich bereits Dalia (Weizenschrot) erwähnt. Dalia lässt sich auch mit verschiedenen Gemüsesorten oder Gewürzen und Körnern zubereiten und ersetzt so frisches Brot. Das Grundrezept für Dalia-Gerichte entspricht dem für Reis, und Sie können alle auf den vorherigen Seiten aufgeführten Rezepte für Reis auch auf Dalia anwenden. Dalia ist jedoch nicht so empfindlich in Bezug auf die Garzeit wie Basmatireis. Sie müssen nur darauf achten, dass die Körner in ausreichend Wasser gekocht werden und wirklich weich sind. Geben Sie eventuell am Schluss noch etwas Wasser hinzu.

Gekeimte Weizenkörner können ebenfalls auf diese Art zubereitet werden; weil diese Gerichte so gesund sind, führe ich mehrere Rezepte dafür auf. Auf diese Weise zubereitetes Vollkorn ist allerdings schwerer verdaulich als das Fladenbrot mit den zerstoßenen Weizenkeimen auf Seite 140. Geben Sie daher immer etwas Ajwain dazu. Wenn Sie an schwacher Verdauung oder Verdauungsproblemen leiden, sollten Sie keine Weizengerichte dieser Art zu sich nehmen.

Auch Hirse oder andere Körner lassen sich ähnlich zubereiten. Finden Sie die ayurvedische Beschaffenheit des verwendeten Korns heraus und wählen Sie dann die passenden Gewürze dazu aus. Achten Sie auch auf die Reaktion Ihres Körpers auf eine bestimmte Getreidesorte. Wenn Völlegefühl auftritt, meiden Sie die Sorte in Zukunft. Vielleicht wird sie aber auch bekömmlicher, wenn Sie Salz, Ajwain, Ingwer und Zitronensaft in das Gericht geben.

Dalia mit Sesamkörnern

Für 2 Personen:

1 TL Ghee oder Speiseöl
½ TL Kreuzkümmelsamen
100 g Dalia (Weizenschrot)
300 ml Wasser
1 Prise Salz
1 TL Sesamkörner

1 Ghee oder Öl in einem Topf erhitzen. Kreuzkümmel einige Sekunden darin anrösten, dann Dalia hinzufügen und 1–2 Minuten bei mittlerer Hitze andünsten. Wasser und Salz hinzufügen und die Mischung 10 Minuten bei schwacher Hitze köcheln lassen.
2 Sesam einrühren und Topf wieder schließen. Weiterköcheln lassen, bis die Körner weich sind. Wie beim Reis bestimmt man das Verhältnis von Dalia und Wasser am besten über das Volumen. Messen Sie Dalia in einer Tasse oder einem Messbecher aus und geben Sie dann die dreifache Menge Wasser dazu. Je nach Sorte sind die Körner unterschiedlich groß. Kochen Sie die Körner unbedingt weich, denn unzureichend gekochte Körner führen zu einer Störung des Vata.

Gemüsegerichte

Gemüse lassen sich in einem Wok oder in einem geschlossenen Topf zubereiten oder werden im Ofen gebacken. Zu gekochtem Gemüse isst man ein Fladenbrot oder einfachen Reis als Beilage, während gebackenes Gemüse als zweiter Gang nach einer Suppe oder einer anderen Vorspeise serviert werden kann. Aus ayurvedischer Sicht sollte man mehrere Gemüsesorten mischen, damit der Körper mit allen Rasas versorgt wird. Wenn Sie eine einzelne Gemüsesorte essen wie beispielsweise Ofenkartoffeln, reichen Sie nach Möglichkeit einen bunten Gemüsesalat oder ein anderes Gericht mit mehreren verschiedenen Gemüsesorten dazu.

Buntes Gemüse mit Ingwer

Für 2–3 Personen:

100 g grüne Bohnen
3 mittelgroße Möhren
4 EL grüne Erbsen
100 g Blumenkohl
1 mittelgroße Paprika
3 EL gehackter Ingwer
4 Kardamomkapseln
½ TL Kreuzkümmel
½ TL Fenchelsamen
4 Gewürznelken
2 TL Ghee oder Speiseöl
1 EL Rosinen

Dieses bunte Gemüsegericht wird ohne Salz zubereitet. Wer aufgrund einer Erkrankung oder speziellen Diät salzlose Speisen essen muss, ist im Allgemeinen nicht sehr begeistert davon. Probieren Sie jedoch einmal dieses Rezept, und Sie werden feststellen, dass Gemüse ohne Salz manchmal sogar besser schmeckt als mit Salz.

1 Gemüse nach Sorten getrennt klein schneiden, den Paprika in Streifen schneiden.
2 Die Kardamomsamen aus den Kapseln lösen und mit den anderen Gewürzen fein mahlen.
3 Ghee oder Öl in einem Topf erhitzen und die Bohnen hineingeben. Kurz andünsten und dann im geschlossenen Topf auf kleiner Flamme vorgaren. Nach rund 10 Minuten das restliche Gemüse sowie den Ingwer hinzufügen. Gut verrühren und 10 Minuten im geschlossenen Topf garen. Ab und zu umrühren. Topf immer wieder verschließen, damit das Gemüse auf kleiner Flamme im eigenen Dampf garen kann.
4 Zum Schluss die gemahlenen Gewürze und Rosinen einrühren. 2 Minuten durchköcheln lassen und servieren.

Feine grüne Bohnen mit Ingwer

Für 2–3 Personen:

200 g feine grüne Bohnen
2 mittelgroße Tomaten
1 EL fein gehackter Ingwer
¼ TL Salz
½ TL Kreuzkümmel
die leicht zerstoßenen Samen
von 4 Kardamomkapseln

Dieses einfache Rezept enthält kein Fett und ist daher vor allem für Leute gedacht, die auf ihr Gewicht achten müssen. Essen Sie zu diesen Bohnen jedoch etwas mit ein wenig Fett, denn es ist nicht ratsam, eine ganze Mahlzeit ohne Fett zu essen. Bratkartoffeln, die mit nur ½ Teelöffel Öl in einer beschichteten Pfanne gebraten werden, passen zum Beispiel sehr gut dazu.

100 ml Wasser in einem Topf zum Kochen bringen. Bohnen putzen und klein schneiden und ins kochende Wasser geben. 15 Minuten bei schwacher Hitze zugedeckt garen. Ab und zu umrühren und eventuell etwas mehr Wasser dazugeben. Tomaten, Ingwer und Gewürze hinzufügen und 10 Minuten mitgaren.

Weißkohl mit Mischung B

Eine ganze Reihe von Gemüsen lassen sich ganz schnell und einfach mit Mischung B zubereiten.

Für 2–3 Personen:

2 EL Speiseöl
1 EL Mischung B
1/3 TL Salz (oder nach Geschmack)
1/2–1 grüne Chilischote (nach Wunsch)
600 g fein geschnittener Weißkohl
1 TL frischer Zitronensaft (nach Wunsch)

1 Das Öl in einer Pfanne oder in einem Wok erhitzen. Mischung B hineingeben und nach wenigen Sekunden auch das Salz und eventuell den Chili hinzufügen. Jetzt nach und nach den Kohl hineingeben und gut mit den Gewürzen vermischen. 5 Minuten in der offenen Pfanne dünsten und ab und zu wenden. Je nach Jahreszeit und Qualität des Gemüses jetzt die Pfanne abdecken. Frischer Kohl enthält viel Wasser und sollte daher offen garen. Wenn der Kohl jedoch hart ist, garen Sie ihn zugedeckt auf kleiner Flamme. Kein Wasser hinzufügen, sondern nur auf ganz kleiner Flamme dünsten.
2 Wenn der Kohl weich ist, eventuell den Deckel abnehmen. Jetzt bei mittlerer Hitze ein wenig umrühren, damit der Kohl etwas knusprig wird. Nach Wunsch zum Schluss den Zitronensaft einrühren. Wer die Säure nicht mag, kann den Saft weglassen, wer jedoch Probleme mit der Verdauung von Kohl hat, sollte ihn unbedingt dazugeben.

Tipp:
Nach diesem Rezept können Sie auch andere Blattgemüse und grünes Gemüse zubereiten, auch Blumenkohl und Brokkoli schmecken so lecker. Kartoffeln eignen sich ebenfalls dafür. Dazu die Kartoffeln mit der Schale kochen, dann pellen und klein schneiden. Nach dem obigen Rezept zubereiten, aber die Garzeit entsprechend verkürzen. Auch Mischgemüse – wie z. B. Möhren, Paprika, grüne Erbsen, Kartoffeln und Blumenkohl – schmeckt so zubereitet gut.

Auberginenpüree (Bhartha)

In vielen Ländern der Erde gibt es unterschiedliche Rezepte für Auberginenpüree mit Zwiebeln, Tomaten oder Knoblauch. In Nordindien ist Bharta ein Klassiker, für den aber im Laufe der Zeit verschiedene Zubereitungsformen entwickelt wurden, die von den ayurvedischen Prinzipien abweichen. Der Kernpunkt da-

Für 3–4 Personen:

2 mittelgroße Auberginen
Für die Sauce:
2 EL Ghee oder Speiseöl
3 Zwiebeln, fein gehackt
1 TL Kurkuma
1 TL Mischung A
1 TL Kreuzkümmel
½ TL Fenchelsamen
1 TL Mischung C
½ TL Salz
5 Tomaten, gewürfelt
1 TL Rohrzucker
Zum Verfeinern:
6 Knoblauchzehen
1 Bund frisches Korianderblätter
3 EL fein gehackter Ingwer
1 grüne Chilischote

bei ist die Zubereitung der Aubergine als ganze Frucht, weil sie dadurch ein ausgewogenes Gericht ergibt. Man verwendet hierzu große und runde Auberginen und gart die ganze Frucht entweder direkt über offenem Feuer oder im Ofen. Danach wird die Aubergine eventuell geschält und anschließend mit dem Mixer püriert. Dann macht man die Sauce mit Zwiebeln und Tomaten und mischt das Püree unter.

Dieses Rezept gliedert sich in zwei Teile. Teil eins umfasst das Braten der Aubergine und die Herstellung des Auberginenpürees, Teil zwei die Zubereitung der Sauce, die dann in das Püree gerührt wird. Die Sauce aus diesem Rezept ist eine Grundsauce und eignet sich auch für viele andere Gerichte.

Für das **Auberginenpüree** Die Auberginen direkt über einer offenen Gasflamme oder im heißen Backofen bei ca. 200 Grad garen, bis sie vollständig weich sind. Aus dem Ofen nehmen, den Stielansatz entfernen und die Früchte in kleine Stücke schneiden. Mit einem Handmixgerät pürieren und beiseite stellen.

1 Für die **Grundsauce** Ghee in einem Wok oder Topf erhitzen und die fein gehackten Zwiebeln unter Wenden darin andünsten. Kurkuma hinzufügen und 1 Minute unter Rühren mitdünsten. Die übrigen Gewürze und das Salz hinzufügen und gut verrühren. Nach 1 Minute die gewürfelten Tomaten in den Topf geben. Mit den übrigen Zutaten verrühren. Topf abdecken und das Gemüse bei sanfter Hitze langsam weich schmoren

lassen, bis eine dickliche Sauce entsteht. Mit Zucker abschmecken. Die Sauce ist fertig, wenn die Tomaten vollständig zerkocht sind. Das Auberginenpüree in die Sauce rühren. Gründlich vermischen und 15 Minuten schmurgeln lassen. Ab und zu umrühren.

2 In der Zwischenzeit den Knoblauch schälen, die Korianderblättchen von den Stängeln zupfen und beides zusammen mit Ingwer und Chili zu einer feinen Paste zerstoßen. Nehmen Sie dafür einen Steinmörser oder aber eine Küchenmaschine. Diese Paste 1–2 Minuten vor Ende der Kochzeit in das Auberginenpüree rühren. Gründlich vermischen und servieren.

Tipp:
Bharta schmeckt am besten mit einem Fladenbrot und Rayata. Rezepte dafür finden Sie unter der Rubrik Beilagen. Wenn Sie das Püree zum Abendessen servieren, reichen Sie einen gemischten Salat als Beilage dazu.

WEITERE REZEPTE MIT DER GRUNDSAUCE

Die Grundsauce aus dem vorhergehenden Rezept passt zu vielen verschiedenen Gemüse-, Eier- oder Fleischgerichten. Ich gebe Ihnen einige Hinweise dazu. Wichtig ist, dass Sauce und übrige Zutaten ungefähr im Verhältnis eins zu zwei verwendet werden. Denken Sie auch daran, am Schluss die Mischung aus Knoblauch, Ingwer und Kräutern einzurühren.

Für die oben genannte Saucenmenge benötigen Sie die folgenden Mengen Gemüse:

Kartoffeln
5 mittelgroße Kartoffeln in der Schale kochen. Pellen und fein würfeln. Die klein geschnittenen Kartoffeln in die Sauce geben und 5 Minuten darin köcheln lassen. Ab und zu umrühren. Dann rund 300 ml Wasser hinzugießen, umrühren und zum Kochen bringen. Dann auf kleiner Flamme 15 Minuten im geschlossenen Topf schmurgeln lassen, bis die Kartoffeln sehr weich sind und fast in der Sauce zerfallen. Ab und zu umrühren und am Schluss die Kartoffeln mit einem Holzlöffel zerdrücken.

Kartoffeln und grüne Erbsen
Für dieses Rezept werden die Kartoffeln nicht zu Brei zerkocht wie oben. Sie brauchen 2 Kartoffeln und 100 g junge grüne Erbsen. Kartoffeln schälen und sehr klein schneiden. Mit wenig Fett in einer beschichteten Pfanne hellbraun rösten. Dann Kartoffeln und grüne Erbsen in die Sauce rühren. Gründlich vermischen. 5 Minuten durchkochen lassen und dabei ab und zu umrühren. 300 ml Wasser hinzufügen und die Masse 15 Minuten auf kleiner Flamme im geschlossenen Topf köcheln lassen. Gelegentlich umrühren,

damit nichts anbrennt. Harte und überreife Erbsen vorher in Wasser weich kochen. Im sauren Medium der Sauce kann man sie nicht weich garen.
Auch hier wie in den obigen Rezepten am Schluss die Mischung aus Knoblauch, Ingwer und Kräutern einrühren.

Paneer mit oder ohne grüne Erbsen

Aus ½ Liter Milch Paneer herstellen, pressen und in Stücke schneiden. Die Stückchen in etwas Ghee braten. Eventuell 100 g grüne Erbsen in die Grundsauce geben und kurz mitschmoren. 300 ml Wasser hinzufügen und das Gemüse 15 Minuten durchköcheln lassen. Am Schluss die Paneerstückchen hineingeben und in 1–2 Minuten heiß werden lassen. Mit der Mischung aus Knoblauch, Ingwer und Kräutern verfeinern.

Eier

Mit dieser Grundsauce können Sie köstliche Rühreier zubereiten. Die oben angegebene Saucenmenge reicht für 5–6 Eier. Die Eier in die fertige Sauce schlagen und kräftig umrühren. Rund 2 Minuten garen.
Eier sind ihrem ayurvedischen Wesen nach heiß, weshalb Sie hier den Knoblauch weglassen sollten. Geben Sie jedoch fein gehackten Ingwer in die Sauce, bevor Sie die Eier einrühren. Die Portionen dann mit gehackten Kräutern garnieren.

Hähnchen

5–6 Hähnchenkeulen in etwas Butter oder Ghee goldbraun braten. Ab und zu wenden, damit das Fleisch rundum bräunt. Hähnchenkeulen in die Sauce legen, umrühren und Topf verschließen. Etwa 5 Minuten bei sanfter Hitze in der Sauce schmoren. Die Sauce mit 100 ml Wasser verflüssigen und weitere 20 Minuten im geschlossenen Topf köcheln lassen. Ab und zu umrühren.

Gebratene Aubergine mit Gemüse

Dieses Auberginengericht geht schneller als das Bhartha. Hier sehen Sie verschiedene Zubereitungsarten.

Aubergine mit Paprika und Tomaten

1 Aubergine, Paprika und Tomaten jeweils in Scheiben bzw. Ringe schneiden. Etwas Ghee oder Öl in einer beschichteten Pfanne erhitzen. Eine Lage Auberginenscheiben hineingeben und bei mittlerer Hitze bräunen. Wenden und auf der anderen Seite bräunen. Eventuell etwas mehr Ghee oder Öl in die Pfanne geben.

2 Jetzt die nächste Lage Auberginenscheiben in möglichst wenig Fett braten. Alle Auberginenscheiben wie beschrieben braten, auf eine Platte setzen und beiseite stellen. Etwas mehr Ghee oder Öl in die Pfanne geben und Paprika und Ingwer etwa 3 Minuten unter sanftem Rühren dünsten. Gewürze und Salz hinzufügen, umrühren und 2 Minuten weiterdünsten. Aus der Pfanne nehmen und beiseite stellen.

3 Jetzt bei ganz schwacher Hitze eine Lage gebratene Auberginenscheiben in die Pfanne geben. Eine Lage gewürzten Paprika und Ingwer darüber schichten und mit den rohen Tomatenscheiben belegen. Eine weitere Schicht Paprika und Ingwer und eine Lage Tomatenscheiben darüber geben. Mit Auberginenscheiben abdecken.

4 Pfanne verschließen und auf sehr kleiner Flamme etwa 5 Minuten schmoren lassen. Dies geht auf einer Elektroplatte einfacher als auf einem Gasherd. Wenn Sie einen Gasherd besitzen, die Pfanne ab und zu vom Herd nehmen und wieder darauf setzen. Sie können das Gemüse auch bei mittlerer Hitze (ca. 180 Grad) im Ofen backen. Decken Sie die Pfanne eventuell mit Alufolie ab, wenn der Deckel nicht ofenfest ist. Vor dem Servieren sanft umrühren und durchmischen, damit die bunten Farben des Gemüses zum Vorschein treten. Mit den gehackten Kräutern garnieren.

Dieses Rezept kommt mit äußerst wenig Fett aus. Dagegen enthalten die meisten anderen Auberginenrezepte jede Menge Fett, weil Auberginen so leicht Fett aufsaugen. Dank der langsamen Garmethode und der beschichteten Pfanne kann die benötigte Menge Fett sehr niedrig gehalten werden. Der weitere Vorteil dieses Rezepts ist das frische Aroma der nur halb gegarten Tomaten.

Für 2 Personen:

1 mittelgroße Aubergine
2 mittelgroße Paprika
2 mittelgroße Tomaten
1–2 EL Ghee oder Speiseöl
2 EL Ingwer, in Streifen
½ TL Mischung A
¼ TL Kreuzkümmel
¼ TL Fenchelsamen
¼ TL Dillsamen
1 Prise gemahlene Mazisblüte
¼ TL Salz
1 EL frische, gehackte Kräuter

Essen Sie dazu Reis, Brot (oder eventuell Fleisch, wenn Sie kein Vegetarier sind) oder eine andere Sättigungsbeilage.

Aubergine mit Kartoffeln

Für 3 Personen:

3 mittelgroße Kartoffeln
2 EL Ghee oder Speiseöl
½ TL Salz
1 mittelgroße Aubergine
2 mittelgroße Paprika
3 mittelgroße Tomaten
1 TL Mischung A
½ TL Mischung C
½ TL Kreuzkümmel
½ TL Fenchelsamen
¼ TL Dillsamen
1 Prise gemahlene Mazisblüte
2 EL Ingwer, in Streifen
2 EL frische, gehackte Kräuter

Diese Version kommt ohne Beilagen aus, denn allein durch die Zugabe von Kartoffeln ergibt sie eine komplette Mahlzeit. Wegen der Kartoffeln benötigt man allerdings eine größere Anzahl an Gewürzen. Sie können aber auch die erste Version mit Kartoffeln anreichern.

Für diese Version die Kartoffeln in dünne Scheiben schneiden und wie die Auberginenscheiben im vorigen Rezept auf beiden Seiten bräunen. Gleichmäßig mit der halben Menge Salz bestreuen. Das Gericht dann nach der Anleitung im vorhergehenden Rezept schichten und garen. Jeweils eine Lage Kartoffeln zwischen Paprika und Tomaten geben.

Möhren und grüne Erbsen

Für 2 Personen:

1 EL Ingwer
1 mittelgroße Zwiebel
1 EL Ghee oder Speiseöl
¼ TL Kurkuma
½ TL Kreuzkümmel
½ TL Mischung A
1 Prise Salz
4 mittelgroße Möhren
100–150 g zarte grüne Erbsen

Möhren sind aus ayurvedischer Sicht ein ausgezeichnetes Gemüse, weil sie das Gleichgewicht der drei Körperenergien herstellen. Außerdem sind Möhren immer in reichlichen Mengen zu haben. Ich empfehle Ihnen, Möhren in verschiedener Zubereitung zu essen. Dieses Rezept schmeckt lecker und sieht appetitlich aus.

Ingwer und Zwiebeln fein hacken und in Ghee oder Öl andünsten. Alle Gewürze und das Salz hinzufügen und gut verrühren. Die klein geschnittenen Möhren und zarten Erbsen hinzufügen und verrühren. Das Gemüse rund 15 Minuten auf kleiner Flamme im geschlossenen Topf garen. Ab und zu umrühren.

Möhren mit Bockshornkleeblättern

Die Blätter vom Bockshornklee (Methi) werden in Indien als Wintergemüse gegessen. Im Westen erhält man die getrockneten Blätter in indischen Lebensmittelgeschäften. Sie können aus den Samen des Bockshornklees die zarten Blätter ganz einfach selber ziehen, sie gedeihen sogar auf der Fensterbank. Die Blätter haben eine blutreinigende und stärkende Wirkung und ergeben daher zusammen mit den Möhren ein sehr gesundes Gericht.

Die Möhren nach dem vorhergehenden Rezept zubereiten und die grünen Erbsen durch eine Hand voll Bockshornkleeblätter ersetzen. Frische Blätter werden von den Stängeln gezupft und fein gehackt.

Kürbis süß-sauer

Das folgende Kürbisrezept ist sehr einfach. Kürbisse gedeihen prächtig unter den verschiedensten Klimaverhältnissen und lassen sich zu vielen Gerichten verarbeiten. Im Gegensatz zur Kürbissuppe auf Seite 96 ist dieses Rezept sauer und würzig.

1 Kürbis schälen, entkernen und in kleine Stücke schneiden.
2 Öl in einem Wok oder Topf erhitzen und Salz und Gewürze (mit Ausnahme von Mangopulver oder Zitronensaft) hineingeben. Die Kürbisstückchen hinzufügen und gut mit den Gewürzen vermischen. Kürbis bei schwacher Hitze im geschlossenen Topf etwa 15 Minuten garen. Ein- bis zweimal umrühren. Kürbis enthält in der Regel jede Menge Wasser und kann daher im eigenen Saft schmoren. Kürbisstückchen garen, bis sie ganz weich sind.
3 Topfdeckel abnehmen und Mangopulver oder Zitronensaft einrühren. 5 Minuten weitergaren, damit die restliche Flüssigkeit einkochen kann. Je nach Kürbisart enthält das Fruchtfleisch viel Wasser und muss entsprechend länger gegart werden, bis die Flüssigkeit verdampft.

Für 2–3 Personen:

ca. 1 kg Kürbis
1 EL Speiseöl
¼ TL Salz (oder nach Geschmack)
1 TL Mischung B
1 TL Kurkuma
¼–1 grüne Chilischote (nach Wunsch)
1 TL Mangopulver oder
1 EL Zitronensaft

Der Geschmack des Kürbis hängt vom Reifegrad der Frucht und der Lagerzeit ab. Überreife oder lange gelagerte Früchte schmecken süßlicher. Dieses Rezept ist süß-sauer; geben Sie eventuell etwas Rohrzucker dazu, falls Ihr Kürbis zu wenig Süße enthält.

Weiße Rüben

Weiße Rüben bringen die Körperenergien ebenfalls ins Gleichgewicht. Zur Zubereitung eignen sich die folgenden drei Rezepte:

Variation 1

Weiße Rüben schälen und in kleine Stücke schneiden. Mit der Mischung B genauso zubereiten wie den Weißkohl auf S. 117.

Variation 2

Für 2 Personen:

4–5 weiße Rübchen
1 mittelgroße Zwiebel
1 EL Ghee
1/4 TL Salz oder nach Geschmack
1 TL Mischung A
1/2 TL Kurkuma
1/2 TL Kreuzkümmel

Rüben schälen und in kleine Stücke schneiden. Die Zwiebel fein hacken und in Ghee andünsten. Salz und Gewürze einrühren. Jetzt die Rüben hinzufügen und gut vermischen. 10–15 Minuten bei sanfter Hitze im geschlossenen Topf dünsten. Ab und zu umrühren, damit das Gemüse nicht anbrennt.

Variation 3

1 Die dritte Version sieht die Zubereitung von weißen Rüben in der Grundsauce von Seite 118 vor. Veranschlagen Sie pro Portion eine mittelgroße Rübe. Schälen und in 2–3 cm große Würfel schneiden. Mit etwas Ghee in einer beschichteten Pfanne rundum bräunen.

2 Die Sauce nun nach dem Rezept auf Seite 118 zubereiten. 200 ml Wasser in die fertige Sauce gießen, umrühren und zum Kochen bringen. Dann die gebratenen Rübenwürfelchen hinzufügen und 15 Minuten auf kleiner Flamme schmurgeln lassen. Ab und zu umrühren.

3 Zuletzt die Paste aus Ingwer, Knoblauch und Kräutern zugeben.

Tipp:
Sie können das Rezept noch mit 100 g grünen Erbsen anreichern. Erbsen zusammen mit den Rübchen in die Sauce geben. Erbsen, die nicht mehr ganz jung und zart sind, in etwas Wasser vorkochen.

Paneer mit Ingwer

Dieses Gericht ist durch den Paneer recht üppig, dank dem Ingwer aber trotzdem bekömmlich.

1 Den Paneer herstellen und zu einem festen Block pressen. Diesen Block in fingerdicke Streifen schneiden.
2 Tomaten kurz in kochendes Wasser tauchen und häuten. In kleine Stücke schneiden.
3 Ghee oder Butter in einer Pfanne oder in einem Wok erhitzen und die Ingwerstreifen rund 1 Minute bei mittlerer Hitze darin andünsten. Gewürze und Salz hinzufügen und 30 Sekunden unter Rühren mitdünsten. Die Kardamomsamen sollten dabei nicht zu fein zerstoßen werden. Tomatenstückchen hinzufügen und auf kleiner Flamme zu einem Püree einkochen lassen. Je nach Säure der Tomaten mit etwas Zucker süßen. Zum Schluss die Paneerstückchen hineinsetzen und vorsichtig mit der Sauce verrühren. In 1 Minute heiß werden lassen.
4 Das Gericht mit Koriandergrün oder anderen gehackten grünen Kräutern garnieren.

Für 3–4 Personen:

200 g Paneer (entspricht 1 l Milch)
7–8 mittelgroße Tomaten
1 EL Ghee oder Butter
2 EL Ingwer, in Streifen geschnitten
1 ½ EL Mischung A
die zerstoßenen Samen von 5 kleinen Kardamomkapseln
⅓ TL Salz
ca. 1 TL Rohrzucker
1 EL gehacktes Koriandergrün

Spinat

Die Zubereitung von Spinat erfordert wegen der adstringierenden Wirkung des Gemüses große Sorgfalt. Wenn Sie keinen Ausgleich dazu herstellen – z.B. durch Milch, Sahne oder Tomaten –, bekommen Sie Blähungen. Deshalb werden Spinatgerichte in aller Welt so zubereitet – obwohl vermutlich vielen Menschen der Grund dafür nicht bekannt ist. Es gibt zwei Sorten von Blattspinat; die eine hat spitze und kleinere Blätter, die andere größere, rundliche, dicke und glänzende Blätter. Ich persönlich finde, dass die Sorte mit den kleinen Blättern feiner schmeckt. Spinat ist jedoch in jedem Fall ein zartes und köstliches Gemüse, das sich für viele Gerichte eignet.

Spinat mit Kartoffeln

Kartoffeln schälen und fein würfeln. Mit ½ Esslöffel Ghee in einer Pfanne hellbraun braten. Ab und zu wenden. Spinat waschen und in kleine Stücke schneiden. Die gehackte Zwiebel in 1 Esslöffel Ghee andünsten, dann Kurkuma, Salz und die übrigen Gewürze hinzufügen. Nach Wunsch auch die fein geschnittene Chilischote hineingeben. Etwa 2 Minuten dünsten, dann den Spinat hinzufügen. Sorgfältig mit den Gewürzen vermischen, dann bei milder Hitze im geschlossenen Topf 10 Minuten garen. Ab und zu wenden, damit nichts anbrennt. Wenn der Spinat gar ist, Deckel abnehmen und eventuell unter Rühren die restliche Flüssigkeit einkochen lassen. Die gebratenen Kartoffeln hinzufügen und 2 Minuten mitdünsten. Sahne und Zucker verrühren und den Spinat damit verfeinern.

Für 3 Personen:

2 mittelgroße Kartoffeln
1 ½ EL Ghee
500 g Spinat
1 mittelgroße Zwiebel, gehackt
½ TL Kurkuma
1 Prise Salz
1 TL Mischung A
½ TL Fenchelsamen
½ grüne Chilischote (nach Wunsch)
1 EL frische Sahne
½ TL Rohrzucker

Spinat mit Paneer

Dieses Gericht lässt sich fast genauso zubereiten wie das vorhergehende. Ersetzen Sie die Kartoffelstückchen durch fein geschnittenen Paneer. Den Paneer allerdings nicht braten, sondern gegen Ende der Garzeit vorsichtig unter den Spinat geben. Noch etwa 2 Minuten mitdünsten. Sie brauchen auch keine Sahne dazugeben – das schmeckt zwar gut, wird aber sehr üppig.

Sie können den Spinat auch pürieren und die Paneerstückchen in das Püree setzen. Dazu den Spinat zuerst in Wasser garen und anschließend pürieren. Zwiebeln andünsten, mit Gewürzen verfeinern und mit dem Spinatpüree durchschmoren lassen. Dann wie oben beschrieben gegen Ende der Garzeit die Paneerstückchen unterheben.

Spinat mit Tomaten

Entweder Spinat rund 15 Minuten in Wasser garen und mit dem Handmixgerät pürieren oder Spinat hacken und dünsten. Die Grundsauce (s. S. 118) zubereiten und den gegarten Spinat einrühren. 10 Minuten mit der Sauce durchköcheln lassen. Am Schluss mit zerstoßenem Ingwer, Knoblauch und Kräutern verfeinern. Für die angegebene Saucenmenge benötigen Sie rund 400 g Spinat.

Zucchini mit Tomaten

Zucchini gedeihen fast überall auf der Welt. In Indien gibt es eine Gemüsesorte, die auf Hindi Lauki heißt und den Zucchini stark ähnelt. Lauki gibt es in runder oder länglicher Form oder spitz zulaufend. Diese Sorte kann ein Gewicht von mehreren Kilo erreichen und wird auch in indischen Lebensmittelläden im Ausland verkauft. Zucchini stellen das Gleichgewicht der drei Körperenergien her und sind daher sehr empfehlenswert. Sie können Zucchini stets in ein Mischgemüse oder in eine Gemüsesuppe geben. Man gibt sie jedoch nicht in Gemüsereis, weil sie zu schnell weich und damit unansehnlich werden. Es gibt jedoch viele verschiedene Rezepte, die sich für dieses Gemüse eignen. Nachfolgend ein einfaches Gericht mit Tomaten.

Dieses Gericht ist ideal, wenn Sie wenig Zeit haben oder Ihrer Zubereitung nur wenig Aufmerksamkeit widmen können, denn hier gart alles zusammen in einem Topf.

Für 3 Personen:

4 Zucchini
4 mittelgroße Tomaten
200 ml Wasser
1 EL gehackter Ingwer
¼ TL Salz
½ TL Mischung B
½ TL Mischung F
½ TL Mischung G
1 EL Ghee oder Butter (nach Wunsch)

1 Das Gemüse klein schneiden. Wasser in einen Topf geben, dann die Zucchini hinzufügen. Mit Ingwer, Salz und den restlichen Gewürzen bestreuen. Schließlich die Tomaten darüber schichten, den Topf verschließen, das Gemüse zum Kochen bringen und auf kleiner Flamme etwa 20 Minuten schmoren. Nach rund 15 Minuten gut umrühren, damit nichts anbrennt.

2 Nach Wunsch am Schluss mit Ghee oder Butter verfeinern. Das Gericht schmeckt aber auch ohne die Zugabe von Fett. Sie können das Fett auch ganz nach Bedarf auf die einzelnen Portionen verteilen. Erwachsene, die wenig körperliche Arbeit verrichten, benötigen weniger Fett als Kinder, die sich noch im Wachstum befinden.

Tipp:
Die Zucchini in diesem Gericht lassen sich auch mit anderem Gemüse wie Auberginen, Zwiebeln usw. kombinieren. So ein einfaches Rezept eignet sich gut für Gemüsereste.

Bittergurken (Karela) mit Tomaten

Karela ist aus ayurvedischer Sicht ein sehr wichtiges Gemüse. Wie der Name bereits sagt, schmeckt es sehr bitter. Sie können es in indischen Lebensmittelläden kaufen. Bittergurken wirken blutreinigend, beruhigen gestörtes Pitta, vertreiben bei heißer Witterung übermäßige Hitze aus dem Körper und dienen als Heilmittel für Diabetiker. Der regelmäßige Verzehr von Karela soll Diabetes vorbeugen helfen.

Bei einem Ayurveda-Workshop in Deutschland erlebte ich in Zusammenhang mit diesem Gemüse etwas Interessantes. Eine Teilnehmerin, die mit dem Einkauf für den Kochkurs beauftragt war, landete in einem indischen Lebensmittelgeschäft in der Nähe des Frankfurter Hauptbahnhofs. Sie erzählte dem indischen Ladenbesitzer von dem Ayurveda-Workshop und dem Kochkurs. Nach seinem besten Wissen gab ihr der nette Kaufmann die aus ayurvedischer Sicht gesündesten Gemüsesorten: Lauki und Karela. Ich war angenehm überrascht. Aber als die Kursteilnehmer während der Zubereitung etwas von der Bittergurke probierten, weigerten sich alle, das Gemüse dann auch zu essen. Sie fanden alle, es schmecke scheußlich bitter.

Erstaunlicherweise verschwand dann aber beim Mittagessen das Bittergurkengericht am schnellsten. Das fertige Gericht mit Tomaten, Zwiebeln und Gewürzen enthielt alle Rasas – auch bitter, was zudem leicht dominierte. Das

Gemüse war angenehm im Geschmack, und die Teilnehmer mochten das unbekannte Gericht. Hier ist das Rezept dafür:

Für 3–4 Personen:

500 g Bittergurke
2 EL Speiseöl (Sesam-, Senf- oder Olivenöl)
3 mittelgroße Zwiebeln
1/3 TL Salz
1 1/2 TL Mischung A
1 TL Kurkuma
1 kleine Chilischote (nach Wunsch)
4 mittelgroße Tomaten

1 Bittergurke klein schneiden. 1 Esslöffel Speiseöl in einem Wok oder einer Pfanne erhitzen. Das Gemüse hineingeben und 5 Minuten bei kräftiger Hitze pfannenrühren. Hitzezufuhr reduzieren und das Gemüse unter gelegentlichem Wenden weiterdünsten. Bittergurken in rund 20 Minuten knackig braun werden lassen.

2 In einer zweiten Pfanne die in halbe Ringe geschnittenen Zwiebeln in 1 Esslöffel Öl braun dünsten. Salz, Mischung A, Kurkuma und eventuell die klein geschnittene Chilischote hinzufügen. Vermischen und 2 Minuten auf kleiner Flamme weiterdünsten.

3 Die gewürfelten Tomaten hinzufügen, gut verrühren und rund 5 Minuten bei milder Hitze im geschlossenen Topf schmoren lassen. Deckel abnehmen und unter Rühren noch etwas weiterschmoren.

4 Jetzt die gebratene Bittergurke hineingeben und 10 Minuten mitschmoren lassen. Ab und zu umrühren. Eventuell ist das Gemüse auch schon früher fertig. Falls es am Topfboden haften bleibt, vom Herd nehmen. Kein Wasser in dieses Gericht geben.

5 Mit Fladenbrot oder einem anderen Brot servieren.

Das sollten Sie wissen:
Bittergurke lässt sich auf viele verschiedene Arten zubereiten. Dieses Rezept ist jedoch das beste, weil vielen Leuten ausgesprochen bitterer Geschmack nicht zusagt. In vielen indischen Haushalten wird das Gemüse deshalb mehrere Stunden eingesalzen und dann ausgepresst, damit es nicht mehr so bitter schmeckt. Nach den ayurvedischen Prinzipien ist es jedoch nicht empfehlenswert, das bittere Rasa herauszupressen, denn dieses Rasa fehlt im Allgemeinen in unserer modernen Ernährungsweise. Außerdem nimmt das Gemüse bei dieser Methode zu viel Salz auf.

Kartoffelgerichte

Kartoffeln gelten in Indien als Gemüse und werden meistens zusammen mit anderen Gemüsesorten verarbeitet. In Europa werden Kartoffeln dagegen wie Reis oder Brot als Sättigungsbeilage gegessen. Die meisten Inder hätten Schwierigkeiten, ihren Reis oder ihre Chapatis (frische Fladenbrote) durch Kartoffeln zu ersetzen. Brot, Reis und andere Getreideerzeugnisse machen dick, und es empfiehlt sich durchaus, stattdessen ab und zu Kartoffeln zu essen. Unter der indischen Stadtbevölkerung ist Übergewicht in der Tat zu einem häufigen Problem geworden.

In Nordeuropa werden große Mengen Kartoffeln verzehrt, und es gibt ganz ausgezeichnete Kartoffelspeisen. Kartoffeln sind ihrem Wesen nach heiß und müssen daher mit Gewürzen oder Kräutern kalter Natur zubereitet werden, zum Beispiel mit Mischung C oder Kräutern wie Koriander oder Dill. Kartoffelpüree mit Milch ist auch ausgewogen, weil die Kartoffeln heiß sind und die Milch kalt ist. Ganze Kartoffeln, die im Backofen oder direkt über Kohlen oder offenem Feuer gegart werden, schmecken köstlich. Sie schmecken am besten aus einem Solarofen, weil sie schön braun werden, ohne zu verbrennen. Diese Kartoffeln passen zu den Käserezepten (s. S. 137f.) oder zu einer Sahnejoghurtsauce. Sie können auch zu buntem Gemüse oder Spinat serviert werden.

In aller Welt gibt es Rezepte für gebratene Kartoffeln. Am beliebtesten sind wohl Pommes frites. Die Kartoffeln werden in fingerlange Streifen geschnitten, gesalzen und frittiert. Diese Art der Zubereitung ist jedoch äußerst ungesund, weil sie erstens zu viel Fett enthält und zweitens die Kartoffeln und das Frittieröl heiß sind. Wenn überhaupt, sollten Kartoffeln nur in Ghee frittiert werden. Das Ghee dazu sehr stark erhitzen, damit die Kartoffeln nicht zu viel Fett aufsaugen.

Für andere Rezepte empfiehlt es sich, die Kartoffeln zunächst mit der Schale zu kochen, damit sie nicht zu viel Fett aufnehmen. Kartoffeln aber nicht zu weich kochen lassen. Dann schälen und würfeln oder in Scheiben schneiden und mit etwas Ghee in einer beschichteten Pfanne braten. Für 500 g Kartoffeln brauchen Sie zum Beispiel 1 Esslöffel Ghee. Ständig wenden, bis die Kartoffeln knusprig und braun sind. Dann mit ½ Teelöffel frisch gemahlenen Fenchelsamen, 1 Prise Pfeffer und etwas Salz würzen. Danach noch kurz braten und servieren. Sie können auch statt Salz und Gewürzen ein paar Rosinen unter die Kartoffeln geben. Wenn Sie Kartoffeln nicht ohne Salz mögen, dürfen Sie Salz dazugeben.

Kartoffelrösti

Rösti und Bratkartoffeln schmecken sehr lecker, werden aber oft mit zu viel Fett gemacht. Rösti lassen sich auch auf ayurvedische Art zubereiten:

1 Kartoffeln mit der Schale nicht zu weich kochen. Schälen und grob reiben. Die Gewürze hinzufügen und sorgfältig vermischen.
2 Ghee in einer großen beschichteten Pfanne erhitzen und die gewürzten Kartoffeln in einer Schicht darin ausbreiten. Bei mittlerer Hitze braten und nach 2–3 Minuten wenden. Die geriebenen Kartoffeln erhalten schnell die Konsistenz eines dicken Pfannkuchens und können dann leicht gewendet werden.
3 Wenn beide Seiten goldbraun gebraten sind, die Hitze reduzieren und Rösti noch 5 Minuten pro Seite knusprig werden lassen. Mit Koriandergrün bestreut servieren. Zu den Rösti gemischtes Gemüse oder einen bunten Salat servieren.

Tipps:
Sie können verschiedene Versionen dieser Rösti zubereiten. Dünsten Sie zum Beispiel zunächst eine fein gehackte Zwiebel, bevor Sie die Kartoffeln in die Pfanne geben. Oder mischen Sie gehackte Zwiebeln und Ingwer unter die geriebenen Kartoffeln. Sie können Rösti auch mit Mischung F zubereiten. Würzen Sie die Kartoffeln mit 1 ½ Teelöffel Mischung F und der Mischung C. Alternativ dazu können Sie fein gehackte Mandeln und Rosinen unter die geriebenen Kartoffeln mischen.
Rösti lassen sich auch aus rohen Kartoffeln zubereiten. Kartoffeln schälen und reiben und wie oben beschrieben mit den Gewürzen vermischen. Aus der Kartoffelmenge dann aber zwei statt nur ein Rösti zubereiten, damit sie nicht so dick werden und besser durchgaren. Die rohen Kartoffeln etwas länger als die vorgekochten garen.

Für 2–3 Personen:

500 g Kartoffeln
¼ TL Salz
1 Prise Pfeffer
½ TL Mischung C
¼ TL Kreuzkümmel
1–2 EL Ghee
1 EL fein gehacktes Koriandergrün

Gebackenes Gemüse

Überbackenes Gemüse mit Käse und Sahne schmeckt köstlich, ist aber im Vergleich zu den anderen Rezepten in diesem Buch sehr üppig. Überbackenes Gemüse wird meist mit einer Art Béchamelsauce aus Butter, Mehl und Milch zubereitet. Vorgekochtes Gemüse wird mit dieser Sauce vermischt, mit einer Lage Käse abgedeckt und im Ofen überbacken. Manche Gemüsesorten wie Kartoffeln, Süßkartoffeln oder anderes Wurzelgemüse wie Rote Beten kann direkt in Alufolie gewickelt und im Ofen gegart werden. Dieses Gemüse kann man mit ein wenig Butter und Salz servieren.

Für die Zubereitung ist die Art des Herdes entscheidend. Am weitesten verbreitet sind heutzutage Elektroherde mit elektrischen Heizschlangen. Mikrowellenherde finden immer mehr Verwendung, weil sie so schnell und einfach zu bedienen sind. Doch aus ayurvedischer Sicht sind diese Öfen verheerend, weil sie das Prana abtöten. Die traditionellen indischen Öfen sind aus Lehm und heißen Tandoor. In unserem Himalayan Centre haben wir Solaröfen, die die Speisen sehr langsam mit Sonnenstrahlen garen. In meinen Rezepten gebe ich die Garzeiten für gewöhnliche Elektroherde an.

Bei gebackenem Gemüse ist es wichtig, auf das ayurvedische Gleichgewicht zu achten, das durch die Verwendung verschiedener Gewürze erreicht werden kann, und das Gemüse durch die Zugabe weiterer Zutaten bekömmlich zu machen. Sie können auch die Speisenfolge so abstimmen, dass die einzelnen Gänge der Mahlzeit das Agni (Verdauungsfeuer) fördern. Bedenken Sie immer das ayurvedische Mantra, von üppigen Speisen nur wenig zu essen. Geringere Mengen schwerer Speisen sind wiederum im Vergleich zu großen Mengen leichter Speisen bekömmlicher.

Für ca. 500 g Gemüse:

1 EL Ghee oder Butter
2 EL Weizenmehl
500 ml Milch
1 Prise Salz
¹/₄ geriebene Muskatnuss
1 Prise gemahlener Pfeffer
¹/₄ TL gemahlener Ingwer

Béchamelsauce

Diese Sauce ist ganz einfach zuzubereiten. Monsieur Béchamel möge verzeihen, dass ich seiner Sauce einige Zutaten hinzufüge, die das ayurvedische Gleichgewicht herstellen.

Ghee oder Butter in einem Topf erhitzen und das Mehl einstreuen. Bei mittlerer Hitze unter Rühren anschwitzen. Wenn das Mehl nach 1–2 Minuten hellbraun wird, langsam die Milch hinzugießen und dabei ständig weiterrühren. Dabei sehr behutsam vorgehen, damit das Mehl nicht klumpt. Dann Salz und Gewürze hinzufügen und etwa 1 Minute umrühren, bis die Sauce eine dickliche und gleichmäßige Konsistenz erhält.

Vorbereitung verschiedener Gemüsesorten zum Überbacken

Verschiedene Gemüsesorten verlangen eine etwas unterschiedliche Vorbereitung. Sie müssen vor dem Überbacken mit Sauce und Käse ein wenig vorgekocht werden. Und natürlich werden die Gewürze je nach Eigenschaften der Gemüse unterschiedlich zusammengestellt. Die folgenden Angaben reichen jeweils für ca. 500 g Gemüse.

Kartoffeln sind ihrem ayurvedischen Wesen nach heiß. Geben Sie deshalb Mischung C dazu.

Kartoffeln schälen und in dünne Scheiben schneiden. 2 Esslöffel Wasser in einen Topf geben, die Kartoffelscheiben hinzufügen und bei sanfter Hitze 10 Minuten dämpfen. Die Kartoffeln dürfen dabei nicht zu weich garen, weil sie später noch überbacken werden. Je 1/2 Teelöffel Mischung C und Ajwain hinzufügen. Kartoffeln in eine gebutterte Auflaufform schichten und mit Béchamelsauce überziehen. Mit einer dünnen Lage gut schmelzendem Käse wie Greyerzer oder Emmentaler abdecken, überbacken.

Blumenkohl Überbackener Blumenkohl schmeckt köstlich. Blumenkohl ist seinem ayurvedischen Wesen nach ebenfalls heiß. Übermäßig große Blumenkohlköpfe, die mit viel Düngemitteln gezogen wurden, sind in der Regel schwer verdaulich und führen zu einer Störung des Vata.

Würzen Sie den Blumenkohl dann mit 1/2 Teelöffel Dillsamen und 5 zerstoßenen Kardamomkapseln sowie je 1/2 TL Mischung C und Ajwain. Blumenkohl wie die Kartoffeln 5 Minuten in Wasserdampf vorgaren.

Zucchini und einfacher Reis Zucchini ist ein ausgewogenes Gemüse. Weil Zucchini so weich sind, müssen sie nicht eigens vorgegart werden.

Den einfachen Reis nach dem Rezept auf Seite 108 zubereiten. Für dieses Rezept benötigen Sie ca. 6 Esslöffel einfachen Reis. Die Béchamelsauce mit 1 Teelöffel Thymian und 1 Esslöffel fein gehackten Basilikumblättern anreichern (eventuell getrocknetes Basilikum verwenden). Zucchini in dünne Scheiben schneiden und in eine gebutterte Auflaufform schichten. Dann mit einer Lage Sauce und einer Schicht Reis abdecken. Wie beschrieben fortfahren und die Auflaufform vor dem Überbacken mit geriebenem Käse bestreuen.

Überbacken

Die Backzeit bei mittlerer Hitze (ca. 180 Grad) beträgt 15–20 Minuten. Wenn der Käse leicht gebräunt ist, die Auflaufform aus dem Ofen nehmen. Da das Gemüse in den ersten beiden Rezepten vorgekocht ist und die Zucchini schnell garen, ist die Backzeit relativ kurz.

Tipp:
Diese drei Grundrezepte lassen sich ganz leicht auf andere Gemüsesorten übertragen. Statt Reis können Sie auch einmal Nudeln verwenden und Auberginen, Tomaten oder Pilze dazugeben. Bei Tomaten allerdings keine Béchamelsauce nehmen, denn der säuerliche Geschmack der Tomaten verträgt sich nicht mit der darin enthaltenen Milch.

KÄSE

Auf der ganzen Welt, vor allem aber in Europa gibt es eine Vielzahl an Käsesorten. Frankreich, die Schweiz, Holland und Italien sind berühmt für ihren Käse. Käse wird praktisch wie Paneer aus den festen Bestandteilen der Milch hergestellt oder nach dem Abscheiden der Molke aus Milch und Joghurt gewonnen. Molke enthält viel Milchzucker, Mineralstoffe und Vitamine und ist daher ein gesundes Getränk für Menschen mit schwacher Verdauung oder Rekonvaleszenten. In den festen Bestandteilen sind hauptsächlich das Milcheiweiß und Fett enthalten. Die Ursprünge der Käseherstellung aus der Milch verschiedener Tiere reichen bis in die Antike zurück. Die Bedeutung der Käseherstellung liegt außerdem in der Haltbarmachung der Milch, denn auch mit moderner Technologie ist Milch immer noch hochverderblich. Außerdem lässt sich Milch nur schwer transportieren. In früheren Zeiten, als es noch keinen elektrischen Strom gab, wurde Käse getrocknet aufbewahrt.

Die verschiedenen Käsesorten unterscheiden sich nach Milchsorte und Milchverarbeitung, Fettgehalt, Erhitzung und Pasteurisierung und die Zugabe von Enzymen. Im Allgemeinen trägt Käse zur Förderung von Kapha-Pitta bei, deren Intensität jedoch von der Qualität der Milch abhängt. Kuhmilch oder Käse aus Kuhmilch fördert diese Energien in geringerem Umfang und ist ausgewogener, während Käse aus Büffelmilch schwerer ist und das Kapha stärker fördert. Schafsmilch und der daraus gewonnene Käse sind in ihren ayurvedischen Eigenschaften sehr heiß. Ziegenkäse ist im Vergleich zu allen anderen Käsesorten leicht und ausgewogen. So wird im Ayurveda Ziegenmilch wie Muttermilch für verschiedene Heilzwecke eingesetzt.

Käse sollte nicht im Übermaß gegessen werden, und die Kombination von Fleisch und Käse sollte man wegen der hohen Eiweißzufuhr nach Möglichkeit ganz vermeiden. Aus ayurvedischer Sicht sind Fleisch und Käse sehr gehaltvoll und schwer. In den meisten westlichen Ländern, wo sowohl Fleisch als auch Käse in großen Mengen verzehrt werden, ist ein Großteil der Fehlernährung auf eine übermäßige Eiweiß- und Fettzufuhr zurückzuführen.

Auf den Seiten 78 und 137 habe ich zwei Methoden zur Herstellung von Paneer und einem Frischkäse aus Joghurt angegeben. Hier sehen Sie nun, wie Sie Käse mit verschiedenen Kräutern und Gewürzen machen können:

Frischkäse aus Joghurt

Vollmilchjoghurt (vorzugsweise hausgemacht) in ein Mulltuch geben und gründlich abtropfen lassen. Die festen Bestandteile mit verschiedenen Kräutern und Gewürzen vermischen (Vorschläge dafür finden Sie weiter unten). Zutaten und Käse gut vermischen. Eine kleine Schüssel bis zum Rand mit der Masse füllen und den Käse etwas zusammendrücken. Den Käse aus der Schüssel auf einen Teller stürzen, damit er eine hübsche Form erhält. Mit frischem Gemüse wie Paprikastückchen, Gurke, Roter Bete, Basilikumblättern oder anderen Kräutern garnieren.

Frischkäse mit Kreuzkümmel, Pfeffer und Kardamom

Eine Pfanne erhitzen und den Kreuzkümmel einstreuen. Auf mittlerer Hitze unter ständigem Wenden knapp 1 Minute rösten, bis die Körner knusprig sind, aber nicht bräunen. Kardamomsamen aus den Kapseln lösen und zusammen mit dem Kreuzkümmel zu einem sandigen Pulver zerstoßen. Mit Salz und Pfeffer unter den Käse rühren. Das Ganze in eine runde Form bringen und wie oben beschrieben mit Kräutern und Salat servieren.

Für ca. 150 g Käse:

1 TL Kreuzkümmel
4 Kardamomkapseln
1 Prise Salz
1 Prise Pfeffer

Kräuterkäse mit Knoblauch

Die Zutaten mit dem Käse vermischen und wie oben beschrieben formen und anrichten.

Für ca. 150 g Käse:

5 Knoblauchzehen, zerstoßen
1 Prise Salz
1 EL gehackte Dillblättchen
1 EL zarte geh. Fenchelspitzen

Paprikakäse mit Minze

Die Zutaten mit dem Käse vermischen und wie oben beschrieben ausformen und anrichten.

Für ca. 150 g Käse:

2 EL geriebener Paprika
1 EL fein geh. Minzeblätter
1/2 TL Mischung F

Kräuterkäse

Verschiedene Kräuter, zum Beispiel zarte Knoblauchblätter, Petersilie, Basilikum, Koriandergrün usw. sehr fein hacken. Mit dem Salz unter den Käse rühren und wie oben beschrieben servieren.

Für ca. 150 g Käse:

3 EL gemischte geh. Kräuter
1/4 TL Salz

Frischkäse mit Sahne

Frischkäse aus Joghurt herstellen (wie auf S. 137 beschrieben). Vier Teile Frischkäse mit einem Teil Sahne vermischen. Gründlich verrühren und wie oben angegeben mit Gewürzen und Kräutern verfeinern.

Paneer mit Sahne

Paneer herstellen (s. S. 78 f.) und in einem Mulltuch abtropfen lassen. Zu gleichen Teilen mit Sahne verrühren und gut vermischen, bis eine gleichmäßige Masse entsteht. Dieser Sahnekäse eignet sich auch für die vier eben beschriebenen Variationen mit Gewürzen und Kräutern oder jede andere Mischung nach Ihrem Geschmack.

BROTE

Brot wird in allen Teilen der Erde aus verschiedenen Getreidesorten gebacken. Brot aus Weizenschrot wirkt besonders stärkend. Weizenschrot und sein Extrakt werden nicht nur im Ayurveda, sondern auch in vielen anderen alternativen Medizinsystemen wegen ihrer heilenden und stärkenden Wirkung empfohlen. Da es manchmal etwas schwierig ist, bestimmte Stoffe als Medizin einzunehmen, habe ich ein paar leckere Rezepte für Weizenschrot entwickelt. Im Frühstückskapitel finden Sie ebenfalls ein Rezept mit Weizenschrot.

Brot aus Weizenschrot

Für 3–4 Fladenbrote:

250 g Weizenkörner
¼ TL Salz (nach Wunsch)
½ TL Ajwain
¼ TL Kalonji
2 TL Ghee oder Speiseöl

1 Die Weizenkörner in Wasser einweichen, bis sie zu keimen beginnen (s. Anleitung S. 79). Den gekeimten Weizen in einer Küchenmaschine mahlen (s. Küchenmaschinen S. 71f.). Eventuell einige Esslöffel Wasser hinzufügen. Weizenschrot herausnehmen und mit Salz und Gewürzen vermischen. Das Salz können Sie weglassen, wenn Sie das Brot zu Gemüsegerichten essen, die bereits Salz enthalten. Wenn Sie das Brot mit Butter und Marmelade essen, können Sie Salz hinzufügen.

2 Gewürze und Weizenschrot sorgfältig vermischen. Etwas Ghee oder Öl in einer beschichteten Pfanne erhitzen. 2–3 Esslöffel der halbflüssigen Teigmasse in die sehr heiße Pfanne geben und mit einem Holzspatel glatt streichen. Nach etwa einer halben Minute die Wärmezufuhr reduzieren und das Brot langsam fertig backen. Ab und zu mit dem Spatel anheben, damit es nicht anbrennt. Nach etwa 1 Minute das Brot wenden und etwas mehr Ghee in die Pfanne geben. Bei mittlerer Hitze auf beiden Seiten bräunen lassen. Wenn Sie die entsprechende Geduld mitbringen, brauchen Sie das Brot nur einmal zu wenden. Bei diesem Rezept ist es wichtig, dass der Teig gleichmäßig dünn in der Pfanne verteilt wird. Dickeres Brot hat eine zu lange Garzeit und ist dann außen braun und innen noch nicht gar.

Das sollten Sie wissen:
Sie können dieses Brot auch ohne Gewürze backen. Das süße Aroma des gekeimten Weizens schmeckt köstlich.

Weizenschrotbrot mit Gemüse

Brot nach demselben Rezept wie oben zubereiten, aber noch fein gehacktes Gemüse wie Zwiebeln, Tomaten und Paprika in den Teig geben. Sie können auch geriebene Möhren, Ingwer oder einfach grüne Kräuter untermischen.

Maisbrot

Dieses Brot geht sehr schnell und einfach zuzubereiten. Achten Sie auf die richtige Konsistenz des Maismehls, das weder zu fein noch zu grobkörnig gemahlen sein sollte. Nehmen Sie außerdem nur das kräftig gelbe und nicht das hellgelbe bis cremefarbene Maismehl, das aus einer anderen Maissorte gewonnen wird. Ich nenne Ihnen hier drei verschiedene Zubereitungsweisen für Maisbrot.

Einfaches Maisbrot

1 Alle Zutaten vermischen und gründlich verrühren. Wenn der Teig zu trocken aussieht, etwas mehr Wasser hinzufügen. Der Teig sollte aber nicht zu flüssig werden.
2 Etwas Ghee in einer beschichteten Pfanne erhitzen. Etwas Teig in die heiße Pfanne gießen und mit einem Holzspatel glatt streichen. Sie können das auch mit der Hand machen, wenn Sie eine Crêpeplatte (oder eine indische Dosaplatte) haben und sehr vorsichtig sind. Für erfahrene Köche ist das ein Kinderspiel, für Ungeübte ist der Holzspatel allerdings sehr hilfreich. Den Teig setzen lassen, dann die Wärmezufuhr reduzieren. Nach etwa 1 Minute das Brot vorsichtig wenden. Etwas mehr Ghee oder Öl hineingeben und das Brot auf beiden Seiten fertig backen. Dickes Brot auf kleiner Flamme etwas länger backen.

Gemüsebrot

1 Für das Gemüsebrot das Gemüse putzen, waschen und zerkleinern.
2 Den Teig für einfaches Maisbrot herstellen (siehe oben). Die Gemüsezutaten unter den Teig mischen und das Brot wie oben beschrieben backen.

Maisbrot mit Methi (Bockshornklee)

Das bunte Gemüse aus dem vorhergehenden Rezept durch rund 100 g Blätter vom Bockshornklee ersetzen. Die Blätter hacken und zusammen mit Salz, Gewürzen und Mischung A in den Teig geben. Nach Wunsch auch die Chilischote einrühren. Das Brot wie oben beschrieben backen.

Für 2–3 Brote:

1 mittelgroße Möhre, gerieben
1 kleine oder ½ große Paprika, fein gehackt
1 mittelgroße Tomate, fein gehackt
1 EL fein gehackte grüne Kräuter
2 EL fein gehackte Zwiebeln
1 EL fein gehackter Ingwer
1 EL Mischung A
1 gehackte grüne Chilischote (nach Wunsch)

Brot aus Kichererbsenmehl (Basin)

Basin ist eine sehr eiweißreiche Form der Ernährung. Sie wird Kindern und Menschen, die an einer Störung des Kapha leiden, empfohlen. Die ersten beiden Rezepte für Maisbrot eignen sich auch für Basin. Geben Sie dann jedoch etwas mehr Wasser hinzu und stellen Sie einen flüssigeren Teig her. Das Brot wird wie Crêpes gebacken und sollte dünn sein.

Brot aus gemischtem Mehl

Dieses Brot wird aus vier verschiedenen Mehlsorten zu gleichen Teilen hergestellt: Weizen, Mais, Kichererbsen und Hirse. Die Mehlsorten mischen und das Brot nach den Rezepten für Maisbrot backen. Hirsemehl allein ergibt ebenfalls sehr gutes Brot. Es wirkt stärkend und stellt das Gleichgewicht der drei Körperenergien her.

Grünes Brot

Ich nenne diese Variante »grünes Brot«, weil sie aus Mehl und püriertem grünem Gemüse gemacht wird und tatsächlich grün aussieht. Gemüse wie Spinat, Rucola oder Löwenzahn oder eine andere Gemüsesorte nach Wahl garen. Sie können auch die zarten Blätter von Rettich, Roten Beten oder weißen Rüben dazugeben, wenn Sie das Gemüse selber im Garten ziehen.

1 Das Gemüse weich kochen und pürieren. Dann mit verschiedenen Mehlsorten oder mit Hirse- oder Maismehl zu einem Teig verarbeiten. Nach Wunsch mit Ajwain und Salz würzen.
2 Wie in den vorhergehenden Rezepten beschrieben in der Pfanne backen.

Chapati

Chapati ist die einfachste Form von Fladenbrot. Es besteht aus Weizenvollkornmehl und Wasser und wird ohne Fett auf einer heißen Platte gebacken. Chapati wird immer frisch gemacht und heiß gegessen. Roti und Parantha bereitet man aus demselben Teig zu.

Für etwa 10 Chapitis:

250 g Chapatimehl (ersatzweise Dinkelmehl)
100–150 ml Wasser
Mehl zum Ausrollen

1 Unter ständigem Kneten portionsweise Wasser unter das Mehl geben. Der Teig wird dadurch elastisch und verliert seine klebrige Konsistenz. Vor dem Backen rund 15 Minuten ruhen lassen.

2 Etwa 1 Esslöffel Teig abstechen und mit den Handflächen zu einer Kugel rollen. Mit den Handinnenflächen flach drücken und dann mit einem Nudelholz auf einer bemehlten Arbeitsfläche möglichst dünn ausrollen. Vorsichtig aufheben und in eine heiße Pfanne legen. Nach einigen Sekunden wenden. Nach 20–30 Sekunden wieder wenden und mit einer Baumwollserviette leicht zusammendrücken. Dadurch plustert sich das Chapati auf. Jetzt ist das Brot fertig. Aus der Pfanne nehmen und nach Wunsch mit etwas Ghee bestreichen.

Das sollten Sie wissen:

Vor allem während der Wintermonate können Sie etwas Ajwain in den Teig geben.
Chapatis werden im Allgemeinen zu verschiedenen Gemüsegerichten oder Dals zur Hauptmahlzeit gegessen. Chapatis schmecken aber auch zum Frühstück mit Butter und Marmelade. In Nordindien isst man zum Frühstück meist Paranthas.

Dosa

Für 10–15 Dosas:

400 g weißer Rundkornreis
200 g Urd-Dal
1/2 TL Salz
2 EL Ghee oder Speiseöl

Dosa ist ein dünnes und feines Brot aus Südindien. Es wird aus Urd-Dal und Reis hergestellt. Die Zutaten müssen 2 Tage im Voraus in Wasser eingeweicht werden. Bereits fertige Backmischungen für Dosa sind im Handel erhältlich, doch, wie Sie wissen, bekommen Sie dann Dosas ohne Prana.

Dosas werden pur oder mit einer Gemüsefüllung gegessen. (Rezepte für Füllungen s. unten.)

1 Reis und Urd-Dal mehrmals waschen und getrennt über Nacht einweichen lassen. Am nächsten Tag das Wasser abgießen und Reis und Urd-Dal jeweils in der Küchenmaschine zu einem groben Püree verarbeiten. Beides vermischen. Wieder über Nacht ruhen lassen, damit die Mischung zu gären beginnt. Diesen Teig salzen.
2 Etwas Ghee oder Öl in einer beschichteten Pfanne erhitzen. 2 Esslöffel Teig sehr dünn in der Pfanne verstreichen. Nach kurzer Zeit wenden. Dosa gart sehr schnell und ist äußerst gesund. Urd-Dal sind ihrem Wesen nach heiß und werden durch den in seiner ayurvedischen Beschaffenheit kalten Reis ausgeglichen.

Füllungen für Dosas

Dosas lassen sich mit verschiedenen Gemüsen füllen. Wir empfehlen gemischtes Gemüse. Grünes Gemüse wie Brokkoli, Spinat, Rucola usw. eignet sich ebenfalls sehr gut als Füllung. Das Gemüse sehr fein schneiden. Etwas von Mischung B und F sowie Salz und Kurkuma in heißem Ghee oder Öl andünsten. Nach Geschmack auch eine fein gehackte grüne Chilischote darunter geben. Das Gemüse in der Gewürzmischung umrühren. 2 Esslöffel davon auf ein Dosa setzen, in der Mitte verstreichen und die beiden Enden des Dosa darüber klappen.

Gefülltes Brot

In vielen Ländern der Erde kennt man Zubereitungen, bei denen Gemüse und Salate als Belag für Brot dienen oder Teig mit Gemüse gefüllt wird. Am beliebtesten und bekanntesten ist wohl Pizza, die auf der ganzen Welt zu haben ist. In den meisten Restaurants wird Pizza heutzutage jedoch nicht mit frischem Gemüse zubereitet. Die beiden folgenden Rezepte für gefülltes Brot schmecken lecker und erfrischend.

Fladenbrot oder Chapati mit Salat und Joghurtsauce

Die Zutaten für den Salat dürfen nicht kalt sein. Deshalb einige Stunden vor der Zubereitung auf Zimmertemperatur erwärmen.

Dieses Gericht eignet sich wegen des Joghurts nicht für ein Abendessen. Sie können den Joghurt dann durch Paneer, der mit Kräutern und Knoblauch gemischt wurde, ersetzen.

1 Das klein geschnittene Gemüse mit Salatsauce (Rezepte s. S. 148) überziehen. Aus Joghurt, Salz und Pfeffer, Knoblauch und Öl eine Joghurtsauce rühren und gut vermischen.
2 Den Salat in die Mitte eines heißen Chapati oder Fladenbrots setzen und mit der Joghurtsauce übergießen. Chapati zusammenklappen.

Fladenbrot oder Chapati mit warmem Gemüse und Joghurtsauce

Für dieses Rezept die Gemüsefüllung zusammen mit der Joghurtsauce auf das Brot setzen. Die Gemüsemischung wie im Rezept für Dosafüllung oder ein anderes Mischgemüse zubereiten.

Wenn Sie dieses Brot zum Abendessen reichen, die Joghurtsauce durch Möhrensalat oder Paneer, der mit Kräutern und Knoblauch gemischt wurde, ersetzen.

Pro Person:

einige Blätter Kopfsalat oder ein anderer grüner Salat
1 mittelgroße Tomate
1 EL gehackte Gurke oder Paprika
1 EL geriebene Möhre
1 EL Salatsauce
Für die Joghurtsauce:
2 EL Joghurt
1 Prise Salz und Pfeffer
2 Knoblauchzehen
1 TL Olivenöl oder Sesamöl
1 Chapati oder Fladenbrot

Gebackenes Brot mit Gemüse

Für 4 Brote:

300 g Weizenmehl
1 Prise Salz
½ TL Ajwain
2 TL Ghee oder Butter

In den beiden vorhergehenden Rezepten wurde das Brot getrennt zubereitet. Hier wird das Gemüse in den Teig gegeben und mitgebacken. Es ist jedoch wichtig, dass das Gemüse bereits vorgegart ist. Das Gemüse wird pfannengerührt, damit es knackig bleibt.

Dieses Rezept kann mit Vollkorn-Chapatimehl zubereitet werden, schmeckt aber besser mit weißem Mehl. Die meisten Mehltypen, die im Westen angeboten werden, enthalten 85% der Bestandteile des Weizens. Ich schlage einen Mittelweg vor, d.h. das Chapatimehl durch ein feines Sieb streuen und einen Teil der Spelzen entfernen. Nach Geschmack können Sie das Rezept mit verschiedenen Mehlsorten ausprobieren.

1 Alle Zutaten für den Teig vermischen. Den Teig mit möglichst wenig Wasser zubereiten und gut durchkneten.

2 Den Teig vierteln und jede Portion wie Chapatis mit einem Nudelholz ausrollen. Das pfannengerührte Gemüse in die Mitte der Fladen setzen und diese dann von oben und unten zusammenklappen, sodass sie wie Schiffchen aussehen. 20 Minuten im Ofen bei starker Hitze (200°) backen.

Salate

In der ayurvedischen Tradition gibt es in der Regel einen Salat als Beilage zur Hauptmahlzeit. Da die Hauptmahlzeiten Fett in der einen oder anderen Form enthalten, werden die Salate zur Steigerung des Agni (Verdauungsfeuer) eingesetzt. Im Westen ersetzt ein riesiger Salat oft eine ganze Mahlzeit, was Ayurveda jedoch nicht empfiehlt, da es nicht ratsam ist, ausschließlich rohe Lebensmittel zu essen. Aus Suppe und Salat lässt sich jedoch eine leichte Hauptmahlzeit zusammenstellen. Ein Beilagensalat wird in der Regel mit Salz und frischem Zitronensaft gewürzt, manchmal auch mit Rayatas aus Joghurt angerichtet. Rayatas bestehen aus geschlagenem Joghurt und verschiedenen Zutaten, Rezepte dafür finden Sie ab S. 164. Zu den in diesem Kapitel vorgestellten Salatrezepten gehören Dressings mit Zitronensaft und mit der klassischen europäischen Vinaigrette.

Salat mit Frühlingszwiebeln

Für 2–3 Personen:

200 g Frühlingszwiebeln
1 mittelgroße Paprika
1 mittelgroße Tomate
2 EL gehacktes Koriandergrün oder andere Kräuter
1 Prise Pfeffer
¼ TL Salz
1 ½ EL Zitronensaft

1 Frühlingszwiebeln sehr fein aufschneiden. Den faserigen grünen Teil entfernen und beispielsweise für eine Suppe verwenden, da er nicht roh gegessen werden kann. Paprika und Tomate sehr fein würfeln.

2 Gemüse mit Kräutern und Gewürzen vermischen. Mit Zitronensaft würzen und sorgfältig durchmischen. Salz und Zitronensaft erst unmittelbar vor dem Servieren unter den Salat geben.

Tipps:

1. Sie können diesen Salat mit Gurke anreichern oder die Paprikaschote durch Gurke ersetzen. Der Geschmack der Frühlingszwiebeln sollte jedoch vorherrschen.

2. Auf diese einfache Weise können Sie jeden beliebigen Salat zubereiten. Denken Sie bei der Zusammenstellung jedoch daran, dass der Salat eine Beilage zum Hauptgericht bildet.

Salatsaucen

Im Westen werden die meisten Salate mit den verschiedensten Saucen angerichtet, die zum Teil cremig und entsprechend schwer verdaulich sind. Es gibt auch bereits fertige Salatsaucen in Flaschen zu kaufen, die natürlich Konservierungsstoffe enthalten. Ich empfehle Ihnen, unmittelbar vor dem Servieren eine einfache Salatsauce selber anzurühren. Von Salatsaucen mit Sahne oder Milch ist allerdings abzuraten, da sich die Säure nicht mit Sahne und Milch verträgt.

Die klassische Essig-Öl-Sauce

Es ist wichtig, dass Sie hierzu einen sehr guten Essig verwenden. In Indien haben wir Essig aus Zuckerrohr oder Jamun (eine Frucht) und Apfelessig. Italienischer Balsamico ist sehr gut und praktisch überall erhältlich.

1 Für eine ausgewogene Salatsauce 2 Esslöffel Essig in eine Salatschüssel geben. Das Salz, den Pfeffer, den Senf und etwas fein gehackte Zwiebel und/oder Knoblauch hinzufügen. Umrühren und 15 Minuten ziehen lassen. Dadurch wird der starke Geruch von Zwiebeln und Knoblauch abgemildert. Jetzt das Olivenöl oder Sesamöl hinzugießen und sorgfältig verrühren. Zum Schluss den Honig oder Kristall- bzw. Farinzucker hinzufügen und gut einrühren. Ihre Sauce ist jetzt fertig.
2 Den Salat mit der Sauce überziehen und gut vermischen.

2 EL Essig
¼ TL Salz
¼ TL Pfeffer
1 TL Senf
1 Frühlingszwiebel oder
½ kleine Zwiebel
2 Knoblauchzehen
3 EL Olivenöl oder Sesamöl
1 TL Honig oder Rohrzucker

Tipp:
Die genaue Saucenmenge hängt vom Salat ab. Blattsalate benötigen weniger Sauce als Salate mit Reis oder Kartoffeln. Bereiten Sie die Sauce nach Ihrem Geschmack zu, aber achten Sie darauf, dass Ihr Salat nicht zu sauer gerät. Man rührt schließlich Honig oder Zucker in die Sauce, um ein ausgewogenes Verhältnis zu den sauren und salzigen Rasas herzustellen.

Reissalat

Man kann verschiedene Gemüse und Gewürze unter den Reis mischen, sodass man ein gesundes Gericht mit allen Rasas erhält.

Die Menge pro Person hängt davon ab, ob Sie den Salat als kleine Beilage oder als eigenständigen Gang nach einer Suppe servieren. In diesem Rezept nenne ich Ihnen die Mengen für große Portionen.

1 Den Basmatireis nach dem Rezept für einfachen Reis auf Seite 108 garen und abkühlen lassen.
2 Inzwischen die Salatsauce wie beschrieben zubereiten.
3 Das Gemüse und den Apfel putzen und in kleine Stücke schneiden. Sämtliche Zutaten sowie den gekochten Reis in die Salatsauce geben und sorgfältig vermischen.

Für 2–3 Personen:

150 g Basmatireis
2 Rezepte Salatsauce (s. oben)
1 kleine oder
½ große Salatgurke
1 mittelgroße Paprika
2 mittelgroße Tomaten
2 mittelgroße Möhren, gerieben
1 süßer Apfel
einige Salatblätter (Kopfsalat oder ein anderer grüner Salat)
4–5 fein gehackte gemischte Kräuter

Gemischter Salat

Der gemischte Salat wird ähnlich zubereitet wie der Reissalat. In diesem Rezept wird der Reis durch Pilze, Rote Bete oder andere Zutaten nach Ihrer Wahl ersetzt, die zu den oben beschriebenen Gemüsesorten passen. Geben Sie auch immer süßes Obst wie Äpfel in den Salat. Sie können auch ein paar Rosinen, Mandeln oder Sesamkörner einstreuen.

Möhrensalat

Für 2–3 Personen:

1 Rezept Salatsauce ohne Knoblauch, stattdessen mit 2 TL Sesamkörnern
5 6 mittelgroße Möhren

1 Wie auf Seite 149 beschrieben eine Salatsauce herstellen. Statt Knoblauch kommen hier jedoch Sesamkörner in die Sauce.
2 Die Möhren weder zu fein noch zu grob reiben, damit sie nicht zu Mus zerfallen oder zu dick geraten und dann mühsam gekaut werden müssen. Im Gegensatz zu grünem Salat, der erst unmittelbar vor dem Servieren mit Sauce überzogen wird, lässt man den Möhrensalat mindestens 15 Minuten ziehen.

Salat mit Roten Beten

Rote Beten zunächst weich kochen (mindestens 1 Stunde). Dann schälen und klein würfeln. Mit der Sauce aus den vorhergehenden Rezepten würzen.

Tipp:
Sie können die Roten Beten auch mit gekochten Kartoffeln und Paprika zu einem hübschen und bunten Salat mischen.

Tomatensalat

Die Sauce nach dem Rezept auf Seite 149 zubereiten, sie wird jedoch ohne Zwiebeln und nur mit Knoblauch gemacht. Den Knoblauch, wie dort beschrieben, in Essig ziehen lassen. Statt Zucker 1 Teelöffel Honig in die Sauce rühren und mit frischem Koriandergrün und Basilikum garnieren.

Dieses Rezept eignet sich hervorragend zum Verzehr von Knoblauch, denn die Säure von Essig und Tomaten unterdrückt den starken Knoblauchgeruch.

Avocados mit besonderer Sauce

Für 4 Personen:

2 reife Avocados
1 Rezept Salatsauce
(s. Seite 149)
½ Paprika
1 mittelgroße Tomate
1 TL gehackte Dillblättchen oder Koriandergrün

Avocados halbieren und entkernen. Die Sauce wie oben beschrieben zubereiten. Sehr fein gewürfelte Paprika, Tomate und Kräuter hineingeben und gründlich vermischen. Etwas von dieser Sauce in die Avocadohälften füllen. Die restliche Sauce extra dazu reichen. Avocados erst unmittelbar vor dem Anrichten und Servieren aufschneiden, weil sie sich sonst braun verfärben.

Chicorée mit Nüssen

Für 2–3 Personen:

50 g Roquefort
6 Walnüsse
2 EL Essig
3 EL Sonnenblumenöl oder ein anderes Pflanzenkeimöl
¼ TL Salz
4 Chicoréekolben

Dieser feine Salat stammt aus Frankreich. Wenn Sie keinen Roquefort bekommen, können Sie auch Paneer verwenden.

Das Dressing für diesen Salat enthält weder Zwiebeln noch Knoblauch. Aufgrund des zarten Geschmacks von Chicorée und Roquefort nimmt man statt Olivenöl oder Sesamöl lieber ein neutrales Öl.

Die Salatsauce wie oben beschrieben vorbereiten. Die gehackten Walnüsse und den zerkrümelten Käse hineingeben. Chicorée waschen, fein aufschneiden und vorsichtig untermischen.

Grüne Salate

In aller Welt gedeihen viele verschiedene Sorten von grünem Salat. Kresse, Rucola, Löwenzahn sind gut für die Leber und die Reinigung des Blutes. Man sollte immer eine Mischung aus mehreren grünen Blattsalaten essen.

1 Blattsalate stets gründlich waschen, vor allem, wenn sie nicht aus dem eigenen Garten kommen. Den Salat dann trocknen. Dazu entweder in eine Serviette schlagen oder in eine Salatschleuder geben. Nasser Salat verdünnt die Sauce und ruiniert den Geschmack.

2 Verwenden Sie das auf Seite 149 angegebene Saucenrezept und geben Sie je nach Geschmack Zwiebeln oder Knoblauch dazu. Rühren Sie immer etwas Honig oder Zucker ein, um die saure Wirkung des Essigs auszugleichen. Grüne Blattsalate benötigen weniger Sauce als andere Salate, daher vorsichtig dosieren.

Das sollten Sie wissen:
Wer ein schwaches Verdauungssystem besitzt oder ein Leberleiden hat, sollte auf grünen Salat verzichten. Essen Sie stattdessen einfache und gekochte Speisen mit Kreuzkümmel und Ajwain, bis Sie gesund sind.

Hülsenfrüchte

Hülsenfrüchte gehören in vielen Ländern der Erde zu den Grundnahrungsmitteln, weil sie viel Eiweiß enthalten. Sie werden hauptsächlich im südlichen Teil der Erde gegessen, und vor allem in Afrika und Südamerika gibt es eine Vielzahl an Rezepten. Durch das neue Gesundheitsbewusstsein und der damit verbundenen vegetarischen Ernährungsweise werden Hülsenfrüchte auch in den reichen Nationen der Nordhalbkugel immer beliebter. Hülsenfrüchte haben jedoch lange Garzeiten und sind schwer verdaulich. Es ist daher sehr wichtig, sie vollständig durchzugaren und mit den passenden Gewürzen oder anderen entsprechenden Zutaten zu ergänzen. Um das lebende Element (Prana) der Nahrungsmittel nicht zu zerstören, empfehlen wir das langsame Garen auf kleiner Flamme. Wer oft Hülsenfrüchte isst, sollte sich eventuell einen speziellen Elektrokocher zulegen. Auch das Kochen mit Solarenergie ist eine gute Alternative, doch diese Kocher sind in manchen Ländern nur schwer zu bekommen.

Kichererbsen

Kichererbsen gibt es auf der ganzen Welt. Wie bereits erwähnt, sind die dunkleren und kleineren Kichererbsen gesünder als die großen weißlichen. Obwohl beide Sorten Kichererbsen genannt werden, unterscheiden sie sich erheblich im Geschmack. Ich gebe Ihnen daher Rezepte für beide Sorten.

Weiße Kichererbsen findet man am häufigsten, von ihnen gibt es wiederum zwei Sorten; kaufen Sie nach Möglichkeit die kleineren Kichererbsen. Im Folgenden finden Sie zunächst Rezepte mit weißen Kichererbsen.

Kichererbsen mit Tamarinden

Für 3–4 Personen:

200 g Kichererbsen
1 TL Kurkuma
1 TL Mischung B
³/₄ TL Salz
100 g getrocknete Tamarinden
3 mittelgroße Zwiebeln
2 EL gehackter Ingwer
2 EL Speiseöl
1 kleine grüne Chilischote (nach Wunsch)
1 TL Mischung A
1 EL Rohrzucker
4 Knoblauchzehen
je ein paar Stückchen Gurke, Paprika und Tomate zum Garnieren

1 Kichererbsen rund 24 Stunden in Wasser einweichen und quellen lassen. 1 Liter Wasser in einen großen Topf gießen (der Topf sollte jetzt nur halb voll sein). Das Wasser zum Kochen bringen und Kurkuma, Mischung B und die halbe Menge Salz einstreuen. Die gequollenen Kichererbsen abgießen und in das kochende Wasser schütten. Nun auf kleiner Flamme im geschlossenen Topf rund 1 Stunde garen. Eventuell etwas mehr heißes Wasser hinzugießen (aber kein kaltes Wasser verwenden). Je nach Wasserqualität brauchen die Kichererbsen auch länger. Die Kichererbsen müssen wirklich weich sein, andernfalls führen sie zu einer Störung des Vata. Das Kochwasser fast vollständig einkochen lassen.

2 Die Tamarinden rund 15 Minuten in heißem Wasser einweichen, dann durch ein Sieb streichen, um den Saft zu gewinnen. Vorgang wiederholen, bis Sie den ganzen Saft aus den Früchten gepresst haben.

3 Zwiebeln reiben oder zerstoßen und mit Ingwer in Öl andünsten. Wenn Sie gerne scharf essen, die fein gehackte Chilischote hinzufügen. Mischung A und das restliche Salz unter die gedünsteten Zwiebeln rühren. 2–3 Minuten weiter pfannenrühren. Den Tamarindensaft einrühren. Ein paar Minuten köcheln lassen, dann die weich gekochten Kichererbsen untermischen. In der offenen Pfanne etwa 15 Minuten leise schmurgeln lassen, damit die überschüssige Flüssigkeit verdampfen kann. Eventuell noch mit etwas mehr Salz abschmecken, damit Sie die Säure der Tamarinden ausgleichen können. Am Schluss den Zucker und den fein gehackten Knoblauch unterheben.

4 Mit Gurken-, Paprika- und Tomatenstückchen garnieren und zu Tisch bringen.

Kichererbsen ohne Fett

In diesem Rezept wird weder Öl, noch Zwiebeln, noch frischer Ingwer oder Knoblauch verwendet.

1 Die Kichererbsen wie im vorhergehenden Rezept beschrieben garen und 1 Teelöffel gemahlenen Ingwer ins Kochwasser geben. Mischung A, Tamarindensaft und Zucker unter die gekochten Kichererbsen rühren. Als Farbtupfer 1 Teelöffel Paprikapulver (edelsüß) und das restliche Salz unterrühren und kurz mitgaren, bis sich nur noch wenig Flüssigkeit im Topf befindet.
2 Einige Kichererbsen mit einem Holzlöffel zerstoßen, damit die Sauce eindickt. Im Vergleich zum vorhergehenden Rezept fällt dieses Gericht recht flüssig aus.
3 Mit gehackten Kräutern wie Minze, Koriandergrün oder Basilikum garnieren.

Tipp:
Zu diesen beiden Kichererbsengerichten passen z. B. Fladenbrote gut.

Kichererbsenpüree

Dieses Püree wird aus gequollenen und gekochten Kichererbsen, Öl und Gewürzen zubereitet. Es schmeckt als Brotaufstrich oder zu einem Salat. Man kann das Püree auch zu Küchlein formen und in einer beschichteten Pfanne braten.

Kichererbsen wie im ersten Rezept beschrieben einweichen und garen. Alle Zutaten in eine Küchenmaschine füllen und pürieren. Dieses Püree hält sich mehrere Tage im Kühlschrank.

Tipp:
Dieses Rezept können Sie durch die Zugabe von Tomaten, Paprika, Zwiebeln usw. immer wieder variieren.

Für 2–4 Personen:

100 g Kichererbsen
2 EL Olivenöl oder Sesamöl
2 EL Zitronensaft
1 EL gemahlener Ingwer
1 TL Mischung E
½ TL Salz
3–4 Knoblauchzehen
3 EL gehackte grüne Kräuter
1 Chilischote (nach Wunsch)

Für die folgenden Rezepte verwendet man dunkle Kichererbsen. Bei den Rezepten für das Frühstück habe ich diese Sorte bereits erwähnt. Die dunklen Kichererbsen garen schneller als die hellen, müssen aber ebenfalls 24 Stunden in Wasser eingeweicht werden.

Einfaches Kichererbsengericht

Für 2 Personen:

1 EL Speiseöl
1/3 TL Salz
1/2 TL Mischung F
1/2 TL Kreuzkümmel
1/4 TL Ajwain
100 g Kichererbsen
1 TL Zitronensaft

1 Öl in einem Topf erhitzen und das Salz sowie die Gewürze kurz darin andünsten.
2 Nach einigen Sekunden die gequollenen Kichererbsen abgießen und in den Topf geben. Rund 2 Minuten unter Rühren braten, dann rund 15 Minuten zugedeckt auf kleiner Flamme garen. Ab und zu umrühren. Eventuell 1–2 Esslöffel Wasser hinzufügen, damit die Kichererbsen nicht anbrennen. Die Kichererbsen müssen wirklich weich sein, eventuell die Garzeit verlängern. Dann vom Herd nehmen und mit Zitronensaft verfeinern.

Kichererbsen in Grundsauce

Für dieses Gericht die gequollenen Kichererbsen 30–45 Minuten in Salzwasser weich kochen. Die Grundsauce (s. S. 118) zubereiten und unter die gekochten Kichererbsen mischen. Etwas mehr Wasser hinzufügen, damit die Kichererbsen in einer eher suppenartigen Sauce schwimmen. Zum Schluss mit der Mischung aus gehacktem Ingwer, Knoblauch und Kräutern verfeinern.

Das sollten Sie wissen:

Sie können die dunklen Kichererbsen natürlich ebenfalls zu Püree verarbeiten. Nehmen Sie dafür das Rezept für die hellen Kichererbsen.

Tipp:

Gekochte dunkle Kichererbsen lassen sich anstelle von grünen Erbsen unter Reis mischen und passen zu verschiedenen Salaten. Mit Kichererbsenpüree kann man Dosas oder Brote füllen (Rezepte s. S. 155).

Kidneybohnen und ähnliche Bohnen

Es gibt ein Grundrezept für alle Bohnen, die nicht wie Kichererbsen oder Mungbohnen keimen müssen. Es ist wichtig, dass man sie über Nacht in Wasser einweicht und sehr lange gart. Sie sind kalt, schwer verdaulich und fördern das Vata. Deshalb sollte man sie immer mit Gewürzen, Ingwer und Knoblauch garen. Essen Sie sie nicht zu oft und nicht zum Abendessen.

Achten Sie darauf, dass die Bohnen wirklich weich gekocht sind. Drücken Sie zur Garprobe ein paar Bohnen mit einem Holzlöffel gegen die Topfwand. Wenn sie sich problemlos zerdrücken lassen, sind sie weich genug. Nicht ausreichend gegarte Bohnen stören das Vata. Geben Sie als Ausgleich immer 1 Teelöffel Mischung B unter die Bohnen, so wie bei den Kichererbsen angegeben. Die Garzeit für Bohnen beträgt normalerweise 2 Stunden auf kleiner Flamme, also rund doppelt so lange wie Kichererbsen.

Das Rezept für Kichererbsen mit Tamarinden (S. 154) können Sie auch für Bohnen verwenden.

Eine weitere Variante für diese Bohnen ist die Zubereitung mit der Grundsauce (S. 118). Achten Sie in beiden Fällen jedoch darauf, dass die Bohnen noch eine weitere Stunde in der Sauce schmoren. Eventuell etwas mehr Wasser hinzufügen. Gegen Ende der Garzeit ein paar Bohnen zerstoßen, damit die Sauce eindickt.

Sojabohnen

Gekochte Sojabohnen

Sojabohnen unterscheiden sich von den bereits genannten Bohnen, da sie in ihrer ayurvedischen Beschaffenheit als heiß gelten. Sie fördern nicht das Vata, sondern heilen gestörtes Vata und Kapha und fördern Pitta.

Sie können die Sojabohnen ohne weiteres nach den oben genannten Rezepten für Hülsenfrüchte zubereiten, wandeln Sie das Rezept mit Tamarinden jedoch wie folgt ab:

1. Verwenden Sie statt Mischung B einen Löffel von Mischung C.
2. Nehmen Sie Ghee anstelle von Speiseöl.
3. Lassen Sie den Knoblauch weg.

Geröstete Sojabohnen

Sojabohnen kann man wie Nüsse rösten und zum Knabbern servieren. Sojabohnen rund 24 Stunden in Wasser einweichen. Zwischen den Händen zerreiben und die Hülle abziehen. Mit 1 Teelöffel Salz einige Stunden in Wasser ziehen lassen. Abgießen und trocknen lassen. Mit etwas Ghee in einer beschichteten Pfanne unter Rühren braten und mit etwas Mischung C und F würzen.

Mungbohnen

Mungbohnen sind sehr gesund und bringen die Körperenergien ins Gleichgewicht. Sie sind leichter und auch bekömmlicher als alle anderen Hülsenfrüchte. Am gesündesten ist es, wenn Sie die Mungbohnen wie Kichererbsen 24 Stunden in Wasser einweichen und quellen lassen.

Für 3–4 Personen:

200 g Mungbohnen
½ TL Salz
1 TL Mischung B
1 TL Kurkuma
1 grüne Chilischote (nach Wunsch)
2 EL frischer gehackter Ingwer

Die gequollenen Bohnen in rund 1 Liter kochendes Wasser geben. Salz, Mischung B, Kurkuma und nach Wunsch auch die Chilischote hinzufügen. Aufkochen lassen, dann die Bohnen auf kleiner Flamme zugedeckt im Topf garen, bis sie zerfallen. Das dauert etwa 1 Stunde, richten Sie sich jedoch eher nach dem Aussehen der Bohnen als nach der Zeit, denn je nach Qualität von Bohnen und Wasser fällt die Garzeit unterschiedlich lange aus.

Rezeptvariationen:

1. Wenn Sie die Mungbohnen als Suppe essen, mit Pfeffer und Butter oder Ghee verfeinern.
2. Mit Pfeffer, Ghee oder Butter und etwas Zitronensaft abrunden.
3. 2 fein gehackte Zwiebeln in 2 Esslöffel Ghee andünsten. 1 Teelöffel Kreuzkümmel, ½ Teelöffel Ajwain und 1½ TL Mischung F einrühren und 1 Minute mitdünsten. Diese

Mischung dann unter die gekochten Mungbohnen geben und 3–4 Minuten schmoren lassen. Mit 2 Esslöffel fein gehackten Kräutern garnieren.

4. Die Grundsauce zubereiten (s. S. 118) und die Mungbohnen 5 Minuten darin schmoren lassen.

Mung-Dal

Mung-Dal sind gesplitterte Mungbohnen ohne Hülse und besitzen kleine gelbe Körner. Dal gart relativ schnell, und 5–10 Minuten Einweichzeit reichen aus. Sie können auch die Methoden und Rezepte für Mungbohnen übernehmen.

Urd-Dal

Urd-Dal (s. S. 70) sind reich an Pitta und Kapha und schwer verdaulich. Da sie auch als Aphrodisiakum gelten und köstlich schmecken, gebe ich Ihnen hier ein Rezept dafür. In meinen anderen Büchern habe ich für diese Dal mehrere Rezepte zur Förderung der Sexualität aufgeführt, aber die meisten davon sind süß. Dieses Rezept ergibt ein Hauptgericht, zu dem z. B. Fladenbrot oder Chapati schmecken.

Für 3–4 Personen:

200 g Urd-Dal
1 TL Fenchelsamen
1/3 TL Salz
1 TL Kurkuma
2 EL gehackter Ingwer
1/2– 1 grüne Chilischote (nach Wunsch)
2 mittelgroße Zwiebeln
2 EL Ghee
1 TL Mischung A
je 1/2 TL Mischung C und F
1/2 TL Kreuzkümmel
3 mittelgroße Tomaten
4 Knoblauchzehen
2 EL gehackte Koriander- und Dillblättchen

1 Urd-Dal in einem Messbecher ausmessen, waschen und dann 15 Minuten einweichen. Mit dem Messbecher die doppelte Menge Wasser abmessen. In einen Topf gießen und zum Kochen bringen. Fenchel, Salz, Kurkuma, Ingwer und eventuell Chili hinzufügen. Urd-Dal abgießen und ins kochende Wasser geben. Abdecken und bei schwacher Hitze rund 15 Minuten köcheln lassen. Urd-Dal werden wie Reis gegart, d. h. die Körner saugen beim Garvorgang die gesamte Flüssigkeit auf.

2 Inzwischen die Zwiebeln in halbe Ringe schneiden und in Ghee andünsten. Dann Mischung A, C und F sowie den Kreuzkümmel hinzufügen. Kurz umrühren und die fein gewürfelten Tomaten hinzufügen. Umrühren, Pfanne abdecken und das Gemüse weich schmoren. Dal unter die Tomatensauce rühren und 2–3 Minuten mitkochen. Zum

Schluss den fein gehackten Knoblauch unterheben. Mit den gehackten Kräutern garnieren.

Tipp:
Zusammen mit dem Knoblauch etwas Zitronensaft einrühren. Da das Gericht schwer verdaulich ist, sollten Sie nicht zu viel davon essen. Dal nach Möglichkeit mittags oder höchstens als frühes Abendessen servieren.

Das sollten Sie wissen:
Alle Hülsenfrüchte sind schwer verdaulich. In den alten Schriften steht geschrieben, dass sie mit Gewürzen, Ghee und sauren Zutaten zubereitet werden sollen. Urd-Dal sind äußerst reich an Pitta und Kapha, weshalb große Sorgfalt anzuwenden ist. Das Gericht schmeckt sehr lecker, essen Sie aber nicht zu viel davon.
Übrigens: Urd-Dal fördern den Stuhlgang und sind daher für alle geeignet, die an Verstopfung leiden.

Khichari

Khichari ist ein Gericht aus Reis und Mung-Dal. Viele Inder essen Reis und Dal mit Gemüse zum Mittagessen. Khichari ist schnell und einfach zubereitet, weil Dal und Reis im selben Topf garen. In den ayurvedischen Schriften wird Khichari als leichtes und bekömmliches Mahl beschrieben. Man gibt es Menschen mit Verdauungsbeschwerden oder Rekonvaleszenten. Khichari eignet sich auch als Fastenspeise, wenn Sie eine Zeit lang zu üppig gegessen haben. Es wird auch nach Pancha-Karma-Behandlungen empfohlen.

Khichari besteht im Grunde aus zwei Portionen Reis und einer Portion Mung Dal, die wie Dal allein (s. S. 70 und 159) gekocht werden. Es gibt viele Versionen von Khichari, die sich in Zugaben und Konsistenz unterscheiden.

Gekochtes Khichari

Diese eher flüssige Zubereitung kommt mit ganz einfachen Zutaten aus und ist daher für Menschen mit schwacher Verdauung geeignet.

1 Reis und Mung-Dal waschen und 15 Minuten in Wasser einweichen. 1 Liter Wasser in einem Topf, der mindestens das doppelte Fassungsvermögen besitzt, zum Kochen bringen. Kurkuma und Salz hinzufügen. Reis und Dal abgießen und ins kochende Wasser schütten. Wieder zum Kochen bringen, dann 1 Stunde auf kleiner Flamme im geschlossenen Topf köcheln lassen.
2 Die Zwiebel hacken und zusammen mit dem Ingwer in Ghee andünsten. Kreuzkümmel, Fenchel und Ajwain hinzufügen. Ein paar Minuten mitdünsten, dann die Mischung unter das recht flüssige Khichari rühren. 2–3 Minuten köcheln lassen und vor dem Servieren nach Wunsch mit Zitronensaft verfeinern.

Für 2–3 Personen:

100 g Reis
50 g Mung-Dal
1/2 TL Kurkuma
1/2 TL Salz
1 mittelgroße Zwiebel
1 EL gehackter Ingwer
2 EL Ghee
1/2 TL Kreuzkümmel
1/4 TL Fenchelsamen
1/2 TL Ajwain
1 EL Zitronensaft
(nach Wunsch)

Khichari mit Grundsauce

Sie können das gekochte Khichari mit der üblichen Sauce aus Tomaten und Zwiebeln (Grundsauce) von Seite 118 zubereiten. Oder geben Sie 2–3 Tomaten zu den gedünsteten Zwiebeln von Version A. Für Kranke oder Menschen mit schwacher Verdauung ist die obere Zubereitung Version A besser geeignet.

Gedünstetes Khichari

Rezept A und B sind recht flüssig, diese Version dagegen hat dieselbe Konsistenz wie gekochter Reis. Sie benötigen dieselben Zutaten wie für Version A. Reis und Dal aber nicht in Wasser kochen, sondern mit den Zwiebeln und Gewürzen andünsten. Reis und Dal mit einem Messbecher abmessen und dann das dreifache Volumen Wasser abmessen.

Wasser zum Kochen bringen. Reis und Dal 2–3 Minuten mit den Zwiebeln und Gewürzen andünsten, dann das kochende Wasser hinzufügen. Dann wie Basmatireis (s. S. 108) auf kleiner Flamme im geschlossenen Topf garen.
Falls Sie diese Version mit Tomaten zubereiten möchten, Dal und Reis mit Kurkuma und Salz in der dreifachen Menge Wasser garen. Kurz in der Grundsauce (s. S. 118) schwen-

ken oder einfach mit Zwiebeln und Tomaten vermischen. Bedenken Sie, dass Dal in einem sauren Medium nicht gut garen. Nicht ausreichend gegarte Dal führen zu einer Störung des Vata.

Khichari mit Ghee

Sowohl das flüssige als auch das körnige Khichari kann mit Ghee anstelle von Zwiebeln und Gewürzen zubereitet werden. Ghee ist sogar sehr wichtig, weil Khichari sonst schwer verdaulich ist und nach der ayurvedischen Pharmakologie als »trocken« gilt und damit das Vata stört. Wer Ghee nicht verträgt, kann das Gericht mit etwas Zitronensaft abrunden. Während Sie das Khichari garen, Salz, Kurkuma, Ingwer, Ajwain und Kreuzkümmel (Mengen s. Version A) dazugeben. Im Winter können Sie noch 1/4 Teelöffel Dillsamen hinzufügen.

Chutney, Rayata & Co.

Dieses Kapitel enthält verschiedene Rezepte für Joghurt, Chutneys aus Kräutern oder Obst, eingelegtes Obst und Gemüse und so weiter. Aufgabe dieser Beilagen ist es, die Rasas von Hauptgerichten zu fördern oder die darin enthaltenen extremen Rasas zu beruhigen.

Ich erinnere mich noch an die Bemerkung eines jungen Franzosen, den ich vor langer Zeit, in den siebziger Jahren, einmal zum Essen eingeladen hatte. Heute isst man auch im Westen mehr Gewürze, aber damals war Pfeffer das einzige Gewürz, das man in Frankreich auf dem Land verwendete, und auch das wurde nur in winzigsten Mengen eingesetzt. Der junge Mann aus Cognac meinte, dass das Rayata in der Mahlzeit, die wir ihm vorsetzten, wie ein Feuerlöscher wirkte. Diese ganz natürliche Einschätzung besitzt aus ayurvedischer Sicht eine unglaubliche Tiefe. Aber schließlich leitet sich die gesamte Weisheit des Ayurveda aus der Natur des Kosmos ab, und wir sind Teil dieses Systems.

Rayatas

Rayatas bestehen hauptsächlich aus Joghurt und Gemüse oder Obst und Gewürzen. Manchmal fügt man auch Nüsse hinzu. Rayatas sind eine ausgezeichnete Beilage zum Mittagessen (Joghurt sollte abends nicht gegessen werden) und sehr einfach herzustellen.

Für 2 Personen:

200 g Joghurt
1 Prise Salz
1 Prise Pfeffer
2 mittelgroße Bananen
1/2 TL Kreuzkümmel

Rayata mit Bananen

1 Joghurt salzen und pfeffern und leicht aufschlagen. Bananen in Scheiben schneiden und in den Joghurt geben. Mit einem Löffel umrühren und gut vermischen.
2 Eine Pfanne leer anheizen. Kreuzkümmel hineingeben und 20 Sekunden unter Rühren leicht anrösten. Den gerösteten Kreuzkümmel in einem Mörser pulverfein zerstoßen. In das Rayata streuen und vor dem Servieren umrühren.

Rayata mit Gurken

Für dieses Rayata die Bananen aus dem obigen Rezept durch Gurkenstückchen ersetzen. Nehmen Sie Gurken und Joghurt in etwa zu gleichen Teilen und ersetzen Sie den Kreuzkümmel durch fein gehackte Minze oder zerstoßene getrocknete Minze.

Variation:

Das Gurken-Rayata mit zerstoßenen Erdnüssen anreichern. Geben Sie 50 g Erdnüsse auf 200 g Joghurt.

Rayata mit Ingwer, Zwiebeln und Tomaten

Joghurt mit Salz, Pfeffer und Kreuzkümmel würzen (Mengen s. Bananen-Rayata). 1 kleine, fein gehackte Zwiebel, 1 mittelgroße Tomate und 1 Esslöffel frischen, gehackten Ingwer hinzufügen. Umrühren und mit dem gerösteten und zerstoßenen Kreuzkümmel abrunden.

Rayata mit Zucchini

Bei diesem Rayata wird eine geriebene Zucchini oder Lauki (eine indische Kürbisart) in den Joghurt gegeben. Das geriebene Gemüse rund 15 Minuten bei sanfter Hitze im geschlossenen Topf dünsten. Das Gemüse gart dabei im eigenen Saft. Wenn das Gemüse noch zu viel Flüssigkeit enthält, abgießen und leicht auspressen. In den Joghurt geben und mit einem Löffel aufrühren. Wie beschrieben mit Gewürzen verfeinern (s. Rezept für Bananen-Rayata).

Chutneys

»Chutney« ist die traditionelle englische Schreibweise für ein Wort in Hindi, die aber die Aussprache nicht richtig wiedergibt. In Hindi klingt das Wort eher wie »Chattani«, wobei beide »a«s ganz kurz, fast wie »e« und das »i« lang gesprochen werden. Chutneys dominieren in der Regel in ihren sauren, scharfen und süßen Rasas. Sie fördern die Verdauung durch die Steigerung von Agni, des Verdauungsfeuers.

Mango-Chutney

2 kg harte Mangos bzw.
1 kg Fruchtfleisch
700 g Zucker
1 ½ TL Salz
2 EL Mischung A
1 ½ TL Kreuzkümmel
1 TL Pfeffer
100 g getrocknete Datteln
50 g Rosinen
100 g geschälte Kürbiskerne
2 EL Essig

Mango-Chutney ist in der ganzen Welt berühmt. Es wird aus den rohen Früchten einer Mangosorte, die sich speziell zum Einlegen eignet, zubereitet. Die Mangos, die man normalerweise in Europa zu kaufen bekommt, fallen meist säuerlich aus, sodass man sie für dieses Rezept verwenden kann. Mangos für Chutney müssen so hart sein, dass man sie reiben kann. Wenn sie sich nicht mehr reiben lassen, das Fruchtfleisch fein würfeln.

1 Mangos schälen und reiben oder das Fruchtfleisch in sehr kleine Stücke schneiden. Mangokern herauslösen. Da man die exakte Menge an geriebenem Fruchtfleisch nur schwer angeben kann, den Zucker im Verhältnis 0,7 zu 1 hinzufügen.

2 Das Fruchtfleisch mit Zucker, Salz, Mischung A, Kreuzkümmel und Pfeffer auf kleiner Flamme im geschlossenen Topf 30 Minuten eindicken lassen, bis es eine sirupartige Konsistenz erhält. Ab und zu umrühren.

3 Datteln fein hacken und zusammen mit Rosinen und Kürbiskernen gegen Ende der Garzeit unter die Mangomasse heben und 5 Minuten mitkochen. Nach Wunsch können Sie das Trockenobst auch weglassen. Mangomasse abkühlen lassen und den Essig einrühren.

4 Das Chutney sollte eine Konsistenz wie Marmelade haben. In sauberen Gläsern aufbewahren, es hält sich mehrere Monate im Kühlschrank.

Minze-Chutney

200 g frische Minzeblätter
2 mittelgroße Zwiebeln
½ TL Salz
1 TL Mischung A
1 grüne Chilischote
(nach Wunsch)

Minzeblättchen sorgfältig waschen. Zwiebeln fein hacken. Alle Zutaten in eine Küchenmaschine füllen und pürieren. Minze-Chutney hält sich 3–4 Tage im Kühlschrank.

Tipp:

Nach diesem Rezept können Sie auch Koriander-Chutney zubereiten. Mit Koriander bekommt das Chutney einen zarteren Geschmack als mit Minze.

Chutney mit gemischten Kräutern

Sie können frische Kräuter nach dem obigen Rezept zu einem Chutney verarbeiten. Koriandergrün, Dill, Petersilie, Schnittlauch usw. passen gut zusammen.

Kokos-Chutney

Dieses erfrischende und köstliche Chutney wird aus frischem Kokosfleisch zubereitet. Wenn Sie keine frische Kokosnuss bekommen, nehmen Sie ungesüßte Kokosflocken.

Kokos, Zwiebel, Ingwer, Chilischote, Salz und Zitronensaft in eine Küchenmaschine füllen und pürieren. Mit 5–10 Esslöffel Wasser zur gewünschten Konsistenz verdünnen. Für Kokosflocken brauchen Sie mehr Wasser als für frisches Kokosfleisch. Das Öl rauchend heiß werden lassen. Die Senfkörner und unmittelbar danach die Urd-Dal hineingeben. Unter Rühren 1 Minute dünsten, dann den Inhalt der Küchenmaschine ebenfalls in die Pfanne geben. 1 Minute unter Rühren mitdünsten. Vom Herd nehmen und abkühlen lassen. Das Chutney zimmerwarm servieren.

5 EL geriebene Kokosnuss
1 mittelgroße Zwiebel, gehackt
3 EL gehackter Ingwer
1 grüne Chilischote
1 TL Salz
4 EL Zitronensaft
1 TL Speiseöl
1 TL Senfkörner
2 TL Urd-Dal

Eingelegter Ingwer

Durch Einlegen in Salz, Gewürze und saure Zutaten wie Essig oder Zitronensaft wird Gemüse haltbar gemacht. Es ist immer gut, ein paar dieser Methoden zu kennen, die seit der Antike existieren und ohne die schädlichen Konservierungsstoffe der modernen Lebensmitteltechnik auskommen.

Der nach diesem sehr einfachen Rezept eingelegte Ingwer hält sich etwa eine Woche lang. Wegen seiner bedeutenden Heilwirkung muss er hier aufgeführt werden. Er fördert den Appetit und hilft bei Verdauungsbeschwerden.

Ingwer schälen und in dünne Streifen schneiden. Ingwerstreifen in eine Glasflasche füllen. Zitronensaft und Salz hinzufügen und die Flasche gut verschließen. Schütteln, damit sich alle Zutaten vermischen. Über Nacht stehen lassen. Die Ingwerstücke verfärben sich dabei rötlich.

200 g Ingwer
50 ml Zitronensaft
1 EL Salz

Nachspeisen

Gemäß den ayurvedischen Prinzipien sollte man eine Hauptmahlzeit mit etwas Süßem abschließen. Schwere Desserts aus Mehl, Reis oder anderem Getreide sind jedoch nicht zu empfehlen. Stattdessen wird zu kleinen Mengen von leichten Nachspeisen aus Obst, Paneer oder Nüssen mit Zucker geraten. Wenn Sie ein Dessert aus Reis oder Weizen wünschen, achten Sie darauf, dass dasselbe Getreide im Hauptgericht nicht vorkommt. Servieren Sie dann eine leichte Hauptspeise, damit Sie noch Platz für das üppige Dessert haben. Denken Sie auch an die Grundregel, dass der Magen zu nicht mehr als zwei Dritteln voll sein sollte.

Dessert mit gemischtem Obst

Es gibt verschiedene Zubereitungsmöglichkeiten für gemischten Obstsalat. Sie können noch etwas Sahne und Zucker unter das Obst mischen. Achten Sie dann jedoch darauf, dass Sie keine sauren Früchte verwenden, da Milch und Sahne sich nicht mit Saurem vertragen.

In ein Dessert mit gemischtem Obst können Sie auch Trockenobst wie Rosinen, Mandeln, Kokosraspel usw. mischen. Wenn das Obst zu sauer ist, mit 1–2 Teelöffel Honig süßen. Etwas Mandellikör (Amaretto) verleiht dieser Art von Fruchtdessert ein angenehmes Aroma.

Dieses Dessert lässt sich auch mit Mischung F und Zitrone verfeinern. Diese Variante tut nach einem üppigen Mahl ganz besonders gut, weil die Säure der Zitrone und Mischung F die Verdauung fördern. Veranschlagen Sie 1 Teelöffel Mischung F und 2 Esslöffel Zitronensaft für 4 Schalen mit gemischtem Obst und dosieren Sie dann nach Ihrem persönlichen Geschmack.

Erdbeeren mit Basilikum

Dieses einfache Dessertrezept bietet sich für die Erdbeersaison geradezu an. Meistens werden Erdbeeren mit Sahne und Zucker angerichtet, wodurch sie sehr gehaltvoll werden. Dieses Rezept dagegen fördert die Verdauung und schmeckt sehr erfrischend.

Für 3–4 Personen:

250 g süße Erdbeeren
1 TL Rotweinessig
1 EL Honig
1 EL fein gehacktes Basilikum
1 Prise Pfeffer
ganze Basilikumblätter zum Garnieren

Erdbeeren vierteln und mit Essig und Honig beträufeln. Die Früchte rund 15 Minuten ziehen lassen. Dann mit dem gehackten Basilikum und schwarzem Pfeffer bestreuen. Gut durchmischen und auf Teller verteilen. Mit ganzen Basilikumblättern garnieren.

Die Qualität des Essigs ist für dieses Dessert entscheidend. Der edle italienische Balsamico passt hier sehr gut. Sie können auch jeden anderen hochwertigen Rotweinessig oder dunklen Essig aus Zuckerrohr verwenden. In Indien sollte man die Erdbeeren mit Jamun-Essig würzen.

Suji Halwa (Grieß-Halwa)

Für 3–4 Personen:

100 g Grieß
2 EL Ghee
50 g Zucker
die zerstoßenen Samen von 3 Kardamomkapseln
2 EL gehackte Mandeln
1 EL fein gehackte Pistazien

Das Halwa aus Grieß ist eine weitere Version des Frühstücksrezepts auf Seite 87 und lässt sich ganz schnell und einfach zubereiten.

1 Den Grieß 2–3 Minuten in Ghee anrösten.
2 Rund 200 ml Wasser in einem Topf erhitzen. Zucker und die Kardamomsamen hineingeben und 3–4 Minuten zu Sirup einkochen lassen.
3 Diesen Sirup unter den gerösteten Grieß rühren. 2–3 Minuten weiterrühren und die Mandeln einstreuen. Vom Herd nehmen und heiß servieren. Die einzelnen Portionen mit Pistazien bestreuen.

Möhren-Halwa

Dieses Rezept ähnelt der Version im Frühstückskapitel. Als Dessert ist das Halwa jedoch etwas gehaltvoller und muss länger garen.

Für 3–4 Personen:

5–6 mittelgroße Möhren
die zerstoßenen Samen von 5 Kardamomkapseln
1 l Milch
100 g Zucker
2 EL gehackte Mandeln
2 EL Rosinen
50 g gehackte Cashewnüsse zum Bestreuen

1 Möhren schälen und reiben. Mit einigen Esslöffeln Wasser und Kardamom in einen Topf geben. Bei milder Hitze rund 30 Minuten im geschlossenen Topf dünsten. Ab und zu umrühren. Eventuell etwas mehr Wasser hinzufügen, damit die Möhren nicht anbrennen.
2 Die Milch in einem Wok zum Kochen bringen, dann auf kleiner Flamme auf ein Viertel des ursprünglichen Volumens einkochen lassen. Dabei ab und zu umrühren. Dann die gegarten Möhren und den Zucker in die eingekochte Milch rühren. Unter Rühren weiterköcheln lassen, bis die Flüssigkeit fast vollständig eingekocht ist und die Masse eine etwas festere Konsistenz erhält. Mandeln und Rosinen hinzufügen und 5 Minuten mitkochen lassen. Halwa entweder heiß servieren oder erkalten lassen und in Stücke schneiden. Die Portionen mit Cashewnüssen garnieren.

Safran-Khir

Khir bezeichnet wie Halwa ganz allgemein eine Zubereitung aus Getreide mit Milch und Zucker und Nüssen. Khir allein steht immer für ein Reisgericht.

1 Basmatireis waschen und einweichen lassen, dann abgießen und in der zweieinhalbfachen Menge Wasser garen.
2 Den gekochten Reis in einen Wok umfüllen und bei sehr schwacher Hitze in der Hälfte der Milch weiterkochen lassen. Ab und zu umrühren. Wenn die Masse eingedickt ist, die restliche Milch und den Zucker hinzufügen. Gut verrühren und weiterkochen. Diese Art von Khir muss mehrere Stunden kochen, bis sich der Reis nahezu in der Milch auflöst.
3 Zum Schluss Safran, die gehackten Mandeln und Rosinen hinzufügen und 5 Minuten mitkochen. Gut umrühren, damit sich der Safran auflöst. Khir heiß oder kalt servieren.

Für 5–6 Personen:

100 g Basmatireis
1 l Milch
100 g Zucker
½ g Safran
50 g Mandeln
30 g Rosinen

Suji (Grieß)

Khir aus Grieß lässt sich schnell zubereiten und ist leicht verdaulich. Sie können den Khir wie oben mit Safran oder aber mit Kardamom verfeinern.

Ghee in einer Pfanne oder einem Wok erhitzen und den Grieß darin anrösten. Wenn der Grieß hellbraun ist, etwa 100 ml Wasser hinzugießen, zum Kochen bringen und dann die zerstoßenen Kardamomsamen einstreuen. Bevor der Grieß das ganze Wasser aufgesogen hat, die Milch und den Zucker einrühren. Bei schwacher Hitze 5 Minuten weiterkochen lassen, dann Mandeln und Rosinen hinzufügen. 2–3 Minuten mitkochen lassen. Vom Herd nehmen und heiß servieren.

Für 3–4 Personen:

1 EL Ghee
50 g Grieß
4 Kardamomkapseln
500 ml Milch
4–5 EL Zucker
50 g Mandeln
25 g Rosinen

Das sollten Sie wissen:
Wenn ein Gericht Ghee enthält, wird es in der Regel heiß oder zimmerwarm gegessen. Trinken Sie keine kalten Getränke zu Gerichten, die Ghee enthalten. Wenn Sie zu einem Dessert mit Ghee etwas trinken möchten, wählen Sie ein heißes Getränk.

Phirani

Für 2–3 Personen:

200 ml Weizenextrakt
1 EL Ghee
die zerstoßenen Samen von 4 Kardamomkapseln
3 EL Zucker
2 EL gehackte Mandeln
1 EL gehackte Pistazien
1 EL gehackte Cashewkerne

Phirani wird aus Weizenextrakt gemacht. Er wird aus dem gequollenen Weizen gewonnen, den ich im Frühstückskapitel (s. S. 88) beschrieben habe.

Den Weizenextrakt rund 10 Minuten in heißem Ghee pfannenrühren. Kardamom hinzufügen. Obwohl der Weizenextrakt flüssig ist, muss er wegen seiner ungleichmäßigen Konsistenz ständig umgerührt werden. Die festen Bestandteile sinken sonst auf den Boden und brennen an. Zucker und Mandeln hinzufügen und unter Rühren 2–3 Minuten mitbraten. Phirani heiß oder zimmerwarm servieren. Vor dem Servieren mit Pistazien und Cashewkernen bestreuen.

Chena Mithai

Für 3–4 Personen:

Paneer aus 1 l Milch
1 EL Ghee
4 EL Zucker
5 EL gehackte Mandeln
250 mg (1 Prise) Safran

Dieses Dessert wird aus Paneer (Zubereitung s. S. 78) gemacht. Chena ist eine andere Bezeichnung für Paneer, und Mithai bedeutet »Süßspeise«.

1 Die Molke aus dem Paneer pressen und zwischen den Handflächen verreiben. Mit den Händen geht das am besten.
2 Ghee in einem Topf erhitzen und den Paneer rund 5 Minuten bei schwacher Hitze unter Rühren braten. Zucker hinzufügen und bei mittlerer Hitze weitere 5 Minuten unter Rühren braten. Mandeln und Safran einstreuen und 2–3 Minuten mitrösten.
3 Die Masse auf einen Teller geben und zu einer flachen runden Scheibe formen. Erkalten lassen und in kleine Stücke schneiden. Zimmerwarm servieren.

Getränke

In der traditionellen ayurvedischen Küche gibt es eine große Vielfalt an Getränken, die man zu sich nimmt, um bei unterschiedlichen Witterungsverhältnissen jeweils das Gleichgewicht im Körper wieder herzustellen. So werden zum Beispiel in heißen Sommern verschiedene Sharbats (Sirups) empfohlen, um die Hitzeauswirkungen zu lindern. Eine Vielzahl an Gewürzen und Kräutern wird im Winter als Tee eingenommen, um das Gleichgewicht der Körperenergie zu bewahren. Ich nenne Ihnen hier auch ein Rezept für einen erquickenden Frühstückstee.

Manche Getränke sind gesundheitsfördernd und besitzen darüber hinaus auch aphrodisierende Wirkung. Das wichtigste Getränk ist jedoch Wasser. Wasser fällt in Geschmack und Mineralstoffgehalt überall etwas anders aus. Schwefelhaltiges Wasser fördert zum Beispiel das Pitta, während Wasser, das mehr Kalzium enthält, das Kapha steigert. Salzhaltiges Wasser ist Pitta-Kapha-dominierend. Wenn das Wasser einen leicht adstringierenden Geschmack besitzt, ist es Vata-dominierend. Mit ayurvedischen Methoden lässt sich das Wasser bis zu einem gewissen Grad ins Gleichgewicht bringen.

Kardamomwasser

Trinkwasser mit Kardamom sollte man nach Möglichkeit kochen, weil dadurch nicht nur der Geschmack verbessert, sondern auch das Gleichgewicht hergestellt wird.

Die Samen von 2–3 Kardamomkapseln zerstoßen und mit 2 Liter Wasser aufkochen lassen. Wasser, das nicht keimfrei ist, 15 Minuten abkochen. Abkühlen lassen und in sauberen Flaschen aufbewahren.

Ayurvedische Tees

In früheren Zeiten hatten die Menschen keine Auswahl und mussten sich auf die Erzeugnisse der Umgebung beschränken. Dies galt natürlich auch für Nahrungsmittel. In Indien wurden in unterschiedlichen Landesteilen Kräutertees getrunken, Schwarztee gab es nur dort, wo er auch wuchs. Als die Briten den Handel mit Tee in Indien und anderen Teilen der Welt einführten, traten die regionalen Teespezialitäten langsam in den Hintergrund und Schwarztee wurde zum wichtigsten Getränk in Nordindien. In Südindien nahm Kaffee diese Stellung ein, denn dort wurden Kaffeeplantagen angelegt. Die üblichen Kräutermischungen wurden »Desi chai« (Landtee) oder ayurvedische Tees genannt. Die Rezepte für einige wichtige Kräutertees gingen für immer verloren, andere Teezubereitungen wiederum sind bestimmten Stammesgemeinschaften in verschiedenen Landesteilen bekannt. Interessanterweise akzeptierten die Inder mit ihrer ayurvedisch geprägten Denkweise den Schwarztee als solchen nicht. Man hielt Schwarztee wegen seiner anregenden Wirkung für ein gutes Getränk, fand aber, dass er aus ayurvedischer Sicht zu sauer und zusammenziehend und damit nicht ausgewogen sei. Schwarztee gilt in manchen Kreisen immer noch als »das Getränk, das deine Eingeweide verbrennt«. Doch mit Milch und Zucker kann die negative Wirkung abgemildert werden. Um die negative Wirkung von schwarzem Tee auszuschalten, gibt man in Indien je nach Jahreszeit und besonderen Gegebenheiten verschiedene Zutaten in den Tee. Ingwer, Kardamom, Nelken, Zimt, Pfeffer usw. können in unterschiedlichen Dosierungen hinzugefügt werden.

Auf den folgenden Seiten stelle ich Ihnen verschiedene Rezepte für Kräutertee vor und erläutere die Wirkung dieser Gewürze.

In der ayurvedischen Ernährungsweise werden verschiedene Gewürze in unterschiedlichen Zusammenstellungen zur Heilung und Regeneration eingesetzt. Sie werden zerstoßen und 5 Minuten bei schwacher Hitze im geschlossenen Topf in Wasser gekocht. Dann den Tee weitere 5 Minuten ziehen lassen. Sie können diese ayurvedischen Tees mit etwas Kandiszucker süßen. Wenn Sie den Tee warm und nicht heiß trinken, können Sie auch mit Honig süßen (Hitze verträgt sich nicht mit Honig). Manche Tees mit Lakritz sind süß und müssen nicht extra gesüßt werden.

Ich führe hier verschiedene Zusammenstellungen aus Gewürzen und Kräutern an, die jeweils für einen halben Liter Wasser berechnet sind. Ich werde auch die jeweilige Wirkung der Tees auf die Gemütslage beschreiben. Denken Sie immer daran, dass das Ziel von Ayurveda die Ausgewogenheit ist. Wenn wir Tee mit einer nach ayurvedischen Gesichtspunkten heißen Zutat machen, müssen wir etwas hinzufügen, um das Gleichgewicht herzustellen und Nebenwirkungen auszuschalten. Vieles aus der ayurvedischen Küche wird auch als Heilmittel eingesetzt. Hier haben wir es jedoch mit Nahrung und nicht mit Medizin zu tun. Der Unterschied besteht darin, dass Heilmittel in stärkeren Dosen und regelmäßig zum Zwecke der Heilung eingenommen wird. Dabei handelt es sich dann nicht um Tees, sondern um echte Absude, die nach Rezept eingenommen werden müssen. So kann zum Beispiel die Kombination von Ingwer, Basilikum, Kardamom und Pfeffer nach dem Abendessen oder an einem Winterabend als Tee genossen werden. Wenn man den gleichen Tee aber stärker macht und alle vier Stunden trinkt, hat man ein Mittel gegen Halsweh, Husten, Fieber usw.

Ajwaintee

½ Teelöffel Ajwain in ½ l Wasser geben und zum Kochen bringen. Zugedeckt auf kleiner Flamme 5 Minuten simmern lassen. Vom Herd nehmen und 5 Minuten ziehen lassen. Vor dem Servieren abseihen. Nach Wunsch mit etwas Zucker süßen.

Ajwaintee ist sehr gut für die Verdauung. Er hilft bei Appetitlosigkeit, Kater und Völlegefühl. Der Tee wird normalerweise nach den Mahlzeiten getrunken. Da Ajwain seiner ayurvedischen Beschaffenheit nach heiß ist, sollten Menschen mit dominantem Pitta diesen Tee nicht zu oft trinken und nach Möglichkeit eine Prise Fenchel hineingeben.

Tee mit Ajwain und Ingwer

Nach dem obigen Rezept Ajwaintee zubereiten und mit 1/4 Teelöffel gemahlenem Ingwer oder 1 1/2 cm zerstoßener Ingwerwurzel ergänzen. Ingwer bestärkt die Wirkung des Ajwaintees. Dieser Tee ist gut für Menschen mit träger Leberfunktion.

Ingwer-Kardamom-Tee

1 Teelöffel gehackten Ingwer und 2 zerstoßene Kardamomkapseln in 1/2 l Wasser aufkochen lassen. Statt frischem Ingwer können Sie auch 1/4 Teelöffel gemahlenen Ingwer in den Tee geben. Wenn Ihnen der Geschmack zu intensiv ist, entweder weniger Ingwer nehmen oder 1 Prise Fenchel oder Anis dazugeben. Sie können auch etwas weniger Ingwer nehmen und dafür 1 weitere Kardamomkapsel hinzufügen.

Tee mit Ingwer, Kardamom und Basilikum

Wie im vorhergehenden Rezept beschrieben zubereiten, aber noch ein paar Basilikumblätter in den Tee geben.

Tee mit Ingwer, Kardamom, Basilikum, Pfeffer

Wie im vorhergehenden Rezept zubereiten und mit 1 Prise Pfeffer abrunden.

Die drei zuletzt beschriebenen Tees werden besonders empfohlen für Menschen mit Vata- und Kapha-Konstitution. Das letzte Rezept ist auch ein gutes Mittel gegen Erkältung, Husten und Fieber. Als Heilmittel alle 3–4 Stunden trinken.

Fenchel- oder Anistee

Für diesen Tee einfach ½ Teelöffel Fenchel oder Anis mit ½ l heißem Wasser übergießen und rund 15 Minuten ziehen lassen.

Dieser Tee wird empfohlen für Menschen mit Pitta-Persönlichkeit und Menschen mit häufigem Stuhlgang. Fenchel und Anis sind hitzeempfindlich und verlieren bei Erhitzung an heilender Wirkung. Wenn Sie ein richtiges Heilmittel herstellen wollen, 1 Teelöffel Anis oder Fenchel über Nacht in ½ l kaltem Wasser ziehen lassen.

Basilikum-Süßholz-Tee

Einige Basilikumblätter mit ½ Teelöffel gemahlenem Süßholz in ½ l Wasser geben und 5 Minuten kochen lassen. Dann 5 Minuten ziehen lassen. Viele Menschen finden, dass Lakritz nach »Medizin« schmeckt.

Dieser Tee wird besonders empfohlen für Menschen mit Pitta-Persönlichkeit und Menschen mit schwachen Nerven.

Tee mit großem Kardamom, Nelken und Zimt

Die Hälfte der Samenkörner einer großen Kardamomkapsel, 2 Gewürznelken und 1 kleine Zimtstange reichen für 250 ml Wasser. 5 Minuten kochen und dann 5 Minuten ziehen lassen.

Große Kardamomkapseln und Zimt sind nach ayurvedischen Grundsätzen heiß, Gewürznelken dagegen kalt. Dieser Tee ist in seiner ayurvedischen Beschaffenheit jedoch heiß, sodass Menschen mit dominantem Pitta nichts davon trinken sollten. Dieser Tee ist auch nicht für sehr heiße Tage geeignet.

Dieser Tee wirkt erquickend und belebend. Menschen mit Bluthochdruck sollten jedoch vorsichtig damit umgehen, weil große Kardamomkapseln den Blutdruck steigern. In der Tat sind große Kardamomkapseln ein gutes Mittel gegen zu niedrigen Blutdruck.

Belebender Neungewürztee

Ich habe diesen Tee bereits in einem meiner früheren Bücher als Rasayana oder Tee mit regenerierender Wirkung beschrieben. Es empfiehlt sich, diese Teemischung gleich in größeren Mengen für den täglichen Gebrauch herzustellen.

Je 50 g Ingwer, Fenchel und Süßholz und jeweils 25 g große und kleine Kardamomkapseln, getrocknetes Basilikum, Gewürznelken, Zimt und Pfeffer in einer Gewürzmühle pulverfein mahlen. Diese Mischung in einem gut verschließbaren Schraubglas aufbewahren. Den Tee wie oben beschrieben zubereiten. Geben Sie ¼ bis ½ Teelöffel Gewürzmischung auf ½ l Wasser.

Schwarzer Tee

Schwarzer Tee ist seiner ayurvedischen Beschaffenheit nach heiß. Er wirkt gegen Erschöpfung und hält wach, er heilt gestörtes Vata und Kapha.

Es gibt Hunderte von Schwarzteesorten. Für den Tee mit Gewürzen nimmt man keine Teeblätter, sondern kleinen, körnigen Tee, der in der Fachsprache »Teestaub« heißt. In Europa sagt man dazu »English Breakfast Tea«. Auch von diesem Tee gibt es wiederum mehrere Sorten. Meine Lieblingsmarke heißt Lipton Red Label.

In der ayurvedischen Tradition wird schwarzer Tee mit Gewürzen, vor allem mit Ingwer und Kardamom zubereitet. Je nach Geschmack und Bedarf kann man mit Ausnahme von Ajwain auch alle anderen Gewürze, die oben beschrieben wurden, in den schwarzen Tee geben. Sie können auch den erfrischenden Neungewürztee zu diesem Zweck zubereiten.

Schwarzer Tee mit Gewürzen

Wasser und Gewürze in den oben beschriebenen Mengen 2–3 Minuten kochen lassen. 1 ½ Teelöffel schwarzen Tee hinzufügen, 1 Minute weiterkochen, dann rund 100 ml Milch und ca. 1 ½ Teelöffel Kandiszucker (nach Geschmack) hinzufügen. Noch 1 Minute kochen lassen, dann ist der Tee fertig. In Indien heißt dieser Tee Chai.

Schwarzer Tee mit Gewürzen hat eine belebende Wirkung, weswegen man ihn nicht nach 17.00 oder 18.00 Uhr trinken sollte, wenn man gut schlafen möchte. Zu viel Schwarztee hemmt die Verdauung und führt zu Magenübersäuerung. Er hilft dagegen bei bestimmten Fällen von Vata-Störung.

Kaffee

Kaffee besitzt dieselben Eigenschaften wie schwarzer Tee, wirkt aber noch stärker, lindert Müdigkeit und hält wach. Er ist seiner ayurvedischen Beschaffenheit nach heiß, wird aber durch die Zugabe von Milch und Zucker ausgewogener. Auf keinen Fall sollte man schwarzen Kaffee auf leeren Magen trinken. Menschen mit schwachen Nerven oder Menschen, die sich leicht aufregen, sollten Kaffee meiden. Zu viel Kaffee kann zu Herzrhythmusstörungen führen.

Das sollten Sie wissen:
Schwarzer Tee und Kaffee sind wie Tabak milde Drogen, die zu Abhängigkeit führen können. Trinken Sie nicht zu viel davon.

Obst und Gemüsesäfte

Nach der ayurvedischen Lehre sollten Gemüse- und Obstsäfte innerhalb von 30 Minuten nach dem Pressen getrunken werden. Saft, der zu lange nach dem Pressen getrunken wird, und alle in Flaschen abgefüllten Säfte steigern Vata und führen, wenn sie regelmäßig über einen langen Zeitraum getrunken werden, zu einer Störung des Vata. Deshalb sind in Flaschen abgefüllte Getränke in Indien nicht sehr beliebt, während frisch gepresste Säfte fast überall verkauft werden. Aus ayurvedischer Sicht sollte man nur frisch gepressten Saft trinken.

Säfte sind besonders für Kranke und Rekonvaleszenten zu empfehlen. Karottensaft ist vor allem für Menschen mit Sehstörungen geeignet. Granatapfelsaft wirkt verjüngend und bringt die drei Körperenergien ins Gleichgewicht. Der Saft süßer Äpfel hat dieselbe Wirkung. Saure Säfte hingegen sollten besser gemieden werden.

Würziges Zitronengetränk

Das ist kein traditionelles Rezept. Ich habe es gegen trockenen Hals bei Hitze und zur Wiederherstellung des Gleichgewichts bei hitzebedingter Erschöpfung entwickelt. Dieser Sirup schmeckt auch mit heißem Wasser als heißes Getränk an Winterabenden. Er wirkt durstlöschend, appetit- und verdauungsfördernd. Er heilt Appetitlosigkeit und unausgewogenes Vata.

Für 2 Flaschen Sirup:

2 EL Fenchelsamen
5 lange Pfefferschoten*
1 TL schwarzer Pfeffer
1 EL gemahlener Ingwer
1 EL Ajwain
2 TL gemahlenes Süßholz
1 TL Gewürznelken
1 EL Kardamomsamen
1 500 g Zucker
200 ml Zitronensaft

1 Alle Gewürze mit Ausnahme der Kardamomsamen zu Pulver mahlen. Kardamom pulverfein mahlen und beiseite stellen. Die Gewürzmischung in ca. 800 ml Wasser geben und rund 10 Minuten bei milder Hitze im geschlossenen Topf köcheln lassen. Zucker hinzufügen und umrühren. Wenn sich der Zucker aufgelöst hat, die Mischung ungefähr 30 Minuten bei milder Hitze im offenen Topf köcheln lassen. Ab und zu umrühren, bis die Flüssigkeit zu Sirup eingedickt ist. Die gemahlenen Kardamomsamen hinzufügen und 5 Minuten mitkochen.

2 Die Mischung abkühlen lassen, dann den Zitronensaft einrühren und gut vermischen. Den Sirup durch ein Sieb gießen und in saubere und trockene Glasflaschen abfüllen. Hermetisch verschließen. In trockenen Klimazonen hält sich das Getränk auch außerhalb des Kühlschranks mehrere Monate. In feuchten Gegenden im Kühlschrank aufbewahren.

3 Für das Zitronengetränk den Sirup mit heißem oder kaltem Wasser aufgießen. Für 200 ml Wasser benötigen Sie 1 1/2–2 Esslöffel Sirup. Sirup nach Geschmack dosieren.

---

* *Wenn Sie keinen langen Pfeffer bekommen, 1/2 Teelöffel schwarzen Pfeffer mehr verwenden.*

Mandelsharvat

Dieser Sirup dient zur Zubereitung eines kalten Getränks oder wird mit kalter Milch zu Mandelmilch verarbeitet. In den Sirup kommen neben Mandeln, die ihrer ayurvedischen Beschaffenheit nach heiß sind, auch Mohnextrakt, der kalt ist, sowie Kardamom, die das Gleichgewicht herstellen.

Für 2 Flaschen Sirup:

1500 g Zucker
100 g Mandeln
50 g weiße Mohnsamen
10 g Kardamomsamen

1 Den Zucker mit rund 800 ml Wasser in einen Topf geben und unter ständigem Rühren erhitzen. Wenn sich der Zucker aufgelöst hat, 30 Minuten bei sanfter Hitze köcheln lassen. Ab und zu umrühren. Sirup erkalten lassen und durch ein Sieb gießen. Die Mandeln über Nacht einweichen und schälen. In der Küchenmaschine pürieren und beiseite stellen. Die Mohnsamen mit etwas Wasser ebenfalls pürieren. Durch ein Mulltuch seihen und den Extrakt beiseite stellen. Wenn das Püree zu dick ist, etwas mehr Wasser hinzufügen.

2 Kardamomsamen aus den Kapseln lösen und sehr fein mahlen. Sie können dazu eine elektrische Gewürzmühle verwenden. Kardamompulver, Mandelpüree und Mohnextrakt in den Sirup rühren und erhitzen. Bei sanfter Hitze etwa 5 Minuten köcheln lassen, dabei ständig umrühren und darauf achten, dass der Sirup nicht überkocht.

3 Sirup abkühlen lassen und in saubere und trockene, gut verschließbare Flaschen abfüllen. Bei heißer und feuchter Witterung im Kühlschrank aufbewahren.

4 Den Mandelsirup vor der Verwendung gut aufschütteln. Veranschlagen Sie 1–1 1/2 Esslöffel Sirup für 200 ml Wasser oder Milch und dosieren Sie dann nach Ihrem Geschmack.

Safranmilch

Safranmilch kann man heiß und kalt zubereiten. Im Winter ist die heiße Milch zu empfehlen, im Sommer schmeckt die kalte besser.

Für 2 Personen:

1/2 l Milch
2 TL Kandiszucker oder nach Geschmack
250 mg (1 Prise) Safran
2 EL fein gehackte Mandeln

Für die heiße Version die Milch erhitzen und alle Zutaten hineingeben. Mit einem Löffel umrühren, bis sich der Safran aufgelöst hat. Reiner Safran löst sich nur langsam auf und färbt die Milch nicht sofort wie der synthetische Safran, der oft verkauft wird.

Für die kalte Version einige Esslöffel Milch abschöpfen und erhitzen. Die Zutaten wie beschrieben darin auflösen. Erkalten lassen und in die übrige Milch rühren. Im Kühlschrank durchkühlen. Sie können auch Eiswürfel in das Getränk geben, dadurch verändert sich aber die Konsistenz der Milch.

Mandel- und Mandel-Pistazien-Milch

Mandelmilch wird genauso zubereitet wie Safranmilch. Den Safran durch 3–4 zerstoßene Kardamomkapseln ersetzen und die Mandelmenge verdoppeln.
Auf dieselbe Weise können Sie auch eine Mandel-Pistazien-Milch zubereiten. Nehmen Sie dafür Mandeln und Pistazien zu gleichen Teilen. Mit Kardamom und Zucker abrunden. Diese Getränke können kalt oder heiß serviert werden.

Rosenmilch oder Kewaramilch

Rosen und Kewara sind die Blüten, aus denen man durch Destillation einen Extrakt gewinnt. Man kann diese Extrakte fertig kaufen. Sie finden in einigen ayurvedischen Heilmitteln und Gerichten Verwendung. Ihre Bedeutung liegt in ihrer Fähigkeit, die drei Körperenergien auszugleichen. Man kann sie in kalte Desserts geben oder mit kalter Milch trinken.

Es gibt viele verschiedene Rosen, doch für diesen Extrakt nimmt man ausschließlich *Rosa centifolia* (Kohlrose). Der Baum mit der Hindi-Bezeichnung Kewara heißt mit seinem lateinischen Namen *Pandanus odoratissimus* und auf Deutsch Schraubenbaum.

Die Milch wird gesüßt, wieder abgekühlt und mit dem Extrakt (ca. 1 Teelöffel auf 1 l Milch) aromatisiert.

Lassi

Lassi ist ein Oberbegriff für Getränke, die mit Milch oder Joghurt und Wasser zubereitet werden. Das Wort wird auch für Buttermilch verwendet.

Lassi aus Milch wird aus einem Teil Milch und drei Teilen Wasser hergestellt. Dieses Lassi hilft übermäßige Hitze im Körper zu lindern und kühlt bei heißem Wetter. Man sollte es nicht an Winterabenden trinken. Es wird in der Regel ungesüßt getrunken. Wenn Sie das Lassi trotzdem süßen wollen, geben Sie ein wenig Kandiszucker dazu.

Lassi aus Joghurt wird aus einem Teil geschlagenem Joghurt und drei Teilen Wasser zubereitet. Dieses Lassi gibt es süß oder salzig. Süßes Lassi fördert Kapha und senkt Pitta. Salziges Lassi wird mit Salz, Pfeffer und Kreuzkümmel gewürzt und ist gut für Menschen mit starkem Vata.

Süßes Lassi

Joghurt mit Zucker mit dem Handmixgerät aufschlagen. Dann das Wasser hinzufügen und weiter aufschlagen. Am Schluss das Rosenwasser einrühren und servieren.

Für 3–4 Personen:

200 g Joghurt
3 EL Zucker oder nach Geschmack
600 ml Wasser
1 TL Rosenwasser

Salziges Lassi

Joghurt salzen und pfeffern und aufschlagen. Wasser hinzufügen und wieder aufschlagen. Kreuzkümmel 20 Sekunden in einer heißen Pfanne anrösten, dann im Mörser zerstoßen. In die Joghurtmischung geben und gut verrühren.

Für 3–4 Personen:

200 g Joghurt
½ TL Salz
1 Prise Pfeffer
600 ml Wasser
½ TL Kreuzkümmel

Fragen zur Ayurveda-Ernährung

Seit zwölf Jahren lehre ich Ayurveda und halte Seminare zur Ayurvedagemäßen Ernährungsweise ab. Wenn ich einen Vortrag über Ayurveda halte, dann sind Ernährungsfragen immer ein wichtiges Thema, und oftmals höre ich in Europa Reaktionen wie: »Ja, das hat meine Großmutter auch immer gesagt!« Für mich kommt in solchen Reaktionen sehr schön zum Ausdruck, dass der über das Essen gesammelte Erfahrungsschatz im Grunde überall auf der Welt gleich ist. Im Nahen Osten zum Beispiel verwendet man für verschiedene Saucen ein Sesampüree, das Tahini heißt. Sesam ist gut für den Teint und das Knochengerüst, Tahini allein aber nur schwer verdaulich. Deshalb gibt man Tahini-Saucen gewöhnlich Zitronensaft oder etwas anderes Saures hinzu und verwendet auch Knoblauch und weitere verdauungsanregende Gewürze. Ein ähnliches Beispiel ist Pasta mit Tomatensauce. Wir können also durchaus die Schlussfolgerung ziehen, dass die traditionelle Kochkunst überall auf der Welt gleichen Grundsätzen folgt.

Heutzutage schwirren einfach zu viele gegensätzliche Ernährungstheorien herum; dies ist auch der Hauptgrund, weshalb so viele Fragen überhaupt erst auftauchen. Der einen Theorie zufolge soll man nachmittags kein Obst essen, eine andere empfiehlt Obstkuren zur Heilung sämtlicher Beschwerden. Eine dritte wiederum besagt, Fett sei schlecht oder Zucker oder Salz. Für mich erscheint es schlicht vernünftiger, keine Nahrung an sich als gut oder schlecht zu bezeichnen. Vielmehr hängt das von den spezifischen Umständen ab, unter denen man isst, von der eigenen Konstitution, den klimatischen Bedingungen, Zeitfaktoren usw. Hierzu habe ich in diesem Buch zahlreiche Beispiele angeführt. Denken Sie am besten in Kategorien wie Harmonie und Gleichgewicht, statt nach irgendeinem engen Schema vorzugehen oder sich nach der sehr persönlichen Erfahrung einiger weniger Autoren zu richten. Denken Sie kosmisch, global und ganzheitlich.

Im Folgenden gehe auf ich einige der zum Thema Ayurveda-gemäße Ernährung am häufigsten gestellten Fragen näher ein. Sollten Sie selber Fragen haben, die auch andere interessieren könnten, dann schreiben Sie mir bitte.

Ist die Ayurveda-gemäße Ernährung vegetarisch?

In meinen Seminaren erläutere ich verschiedene Nahrungsmittel, die ihrer ayurvedischen Natur nach heiß, kalt oder in sich ausgewogen sind. Da immer davon auszugehen ist, dass zumindest einige Seminarteilnehmer auch Fleisch essen, führe ich dabei auch nicht-vegetarische Beispiele an. Einige Studenten sind dann ganz überrascht, weil sie der Überzeugung waren, nur vegetarisches Essen könne wirklich gesund sein, und fragen oft: »Wie kommt es, dass es im Ayurveda erlaubt ist, Fleisch zu essen?«

Ayurveda nimmt einen wissenschaftlichen, keinen moralischen Standpunkt ein und berücksichtigt, dass es in einigen Teilen der Welt weniger Vegetation gibt, die Menschen daher dort auf Fleisch angewiesen sein können. Das Charaka Samhita, vor 2600 Jahren von dem Schriftgelehrten Charaka verfasst, führt die ayurvedischen Eigenschaften einer Vielzahl von Nahrungsmitteln aus der Pflanzen- sowie der Tierwelt auf, darunter das Fleisch verschiedener Haus- und Wildtiere. Hieraus ersieht man, dass Ayurveda aus Gesundheitsgesichtspunkten nicht auf einer vegetarischen Ernährung besteht. Vielmehr sollte man sich in der Ernährung nach seinem Prakriti richten und dabei Zeit- und Ortsfaktoren entsprechend berücksichtigen. Nicht-Vegetarier sollten darauf achten, ausreichend Gemüse und nicht zu viel oder zu häufig Fleisch zu essen. Auf der anderen Seite sind für Vegetarier Nüsse, Bohnen, Linsen und Milchprodukte wichtig. Meine persönliche Auffassung zum Verzehr von Fleisch habe ich bereits in der Einführung zu diesem Buch dargelegt.

Ist einheimisches Obst und Gemüse gesünder als Produkte aus fernen Ländern?

Es sprechen keine gesundheitlichen Gründe dagegen, importierte Nahrungsmittel zu essen, man sollte allerdings ihre ayurvedische Natur genau beachten.

Übringens werden auch einheimische Produkte teilweise unter künstlichen Bedingungen gezüchtet, damit sie das ganze Jahr über verfügbar sind. Schauen wir uns einige Beispiele an. Papaya wächst zwar nicht in Europa, ist aber ein in sich ausgewogenes Nahrungsmittel; man kann sie von daher also überall essen. Spargel dagegen wächst in Europa, ist aber seiner ayurvedischen Eigenschaft nach kalt. Eigentlich ist er ein Frühgemüse und von Natur aus nicht für den Verzehr im Herbst oder Winter bestimmt. Als Importware aus anderen Kontinenten ist er jedoch fast das ganze Jahr über verfügbar. Wenn man ihn in der kälteren Jahreszeit verzehrt, dann sollte man nicht zu viel davon essen und auf jeden Fall etwas Dillsamen in die Spargelsauce geben. Für Spargel sind Butter oder Ghee nicht sonderlich geeignet, denn beides ist seiner Natur nach ebenfalls kalt. Sauce hollandaise oder Sauce béarnaise – aus Öl und Eiern gemacht – ergeben dagegen ein ausgewogenes Spargelgericht.

Die ayurvedische Natur eines Nahrungsmittels können Sie relativ einfach selber bestimmen, indem Sie dieses probieren und dabei genau darauf achten, welche Wirkung es im Körper hervorruft. Kalte Substanzen haben einen etwas diuretischen (harntreibenden), heiße einen anti-diuretischen Effekt. Dillsamen, Knoblauch und andere ihrer Natur nach heiße Gewürze sind sämtlich anti-diuretisch. Ihrer Natur nach kalte Gewürze wie Koriander, Anis, Fenchel oder Gewürznelken sind diuretisch. Experimentieren Sie ruhig mit Nahrungsmitteln, wenn diese für Sie neu sind, und entwickeln Sie kreative neue Rezepte.

In Büchern und Vorträgen wird oft unterschiedlich geschildert, mit welchen Rasas man eine Hauptmahlzeit beginnen sollte. Die einen sagen süß, die anderen sauer. Was ist richtig?

Normalerweise sollte man seine Mahlzeit mit hauptsächlich, jedoch nicht übermäßig sauren und bitteren Rasas beginnen. Wenn man aber lange nichts gegessen hat und sehr hungrig ist, sollte man vorher etwas Süßes nehmen, damit man die Mahlzeit nicht im Vata-Zustand einnimmt. Hungergefühl beeinträchtigt nämlich Vata und führt nach einiger Zeit zu einer Vata-Störung. Üblicherweise zügelt süßes Rasa am Anfang den Appetit, denn es fördert Kapha. Dies ist einfach zu verstehen, wenn man sich die fünf Elemente bildhaft vorstellt: Das Verdauungsfeuer, Agni, gehört zu Pitta, dem Feuerelement; Kapha dagegen besteht aus Wasser und Erde. Gibt man Wasser und Erde ins Feuer, so verlischt es. Somit mindert Süßes zu Beginn einer Mahlzeit den Appetit und kann womöglich sogar Verdauungsprobleme verursachen. Als Abschluss einer Mahlzeit ist etwas Süßes dagegen genau richtig.

Wir hören bisweilen, man solle Trinkwasser für längere Zeit abkochen, je nach Lehrer zwischen 15 Minuten und einer Stunde. Was ist richtig?

Auf vielen meiner Seminare in der Schweiz berichteten mir Studenten von jemandem aus Deutschland, der in der Schweiz Vorträge über Ayurveda hält und erzählt, nach der ayurvedischen Lehre müsse man Wasser für eine Stunde kochen. Dies ist eine sehr seltsame Aussage. Es ist bisweilen wirklich schade, was alles im Namen unserer alten Tradition von Leuten verbreitet wird, die hierzu weder ausgebildet noch qualifiziert sind. Wenn man Wasser so lange kocht, dann wirkt es durch die hohe Konzentration von Salzen und Mineralien eher schädlich. An einigen Orten ist das Wasser sehr reich an Kalzium und anderen Salzen; trinkt man zu viel davon, führt dies auf die eine oder andere Art zu einer Störung des Energiegleichgewichts im Körper. Seien Sie also lieber vorsichtig, wenn Ihnen derartige Informationen vermittelt werden.

Wenn die Sorge besteht, Wasser könnte biologische Verunreinigungen aufweisen, so kocht man es ungefähr 15 Minuten ab. In Delhi oder Kairo zum Beispiel ist das sicher gut, um Erkrankungen zu vermeiden, die man sich mit dem Trinkwasser sonst zuziehen könnte. In Europa, den USA und in vielen anderen Ländern ist das Trinkwasser jedoch sauber. Wie ich im Abschnitt über Getränke beschrieben habe, sollte man Wasser mit etwas Kardamom kochen. Gutes Trinkwasser lässt man hierzu einmal kurz aufkochen.

Ist Dal gut für die Gesundheit? Sollte man täglich Dal essen?

Derartige Fragen hängen meist mit Angaben in irgendwelchen Büchern zusammen, und meine Studenten berichteten mir, in einem ziemlich populären Buch werde geraten, jeden Abend Dal zu essen. Wie bereits erwähnt, sind viele Bücher über die Ayurveda-Küche einfach nur Kochbücher über indisches Essen und beschreiben lediglich in Indien übliche Ernährungsgewohnheiten. Die Mehrzahl der Inder isst Dal und Reis zu Mittag, und eigentlich wird Dal nur im Punjab am Abend gegessen. Vielleicht war es ein Autor aus dem Punjab, der eine solche Empfehlung abgegeben hat.

Was ist nach ayurvedischen Gesichtspunkten hierzu zu sagen? Dem Charaka Samhita zufolge ist Dal schwer verdaulich und sollte daher mit entsprechenden Gewürzen sowie mit Ghee zubereitetet werden. Viele Dals sind stark Vata-fördernd, weshalb besonders Ghee wichtig ist. Für das Abendessen ist Dal nicht besonders eignet, da man es zu lange verdauen muss. Abends arbeiten die Körperfunktionen langsamer, und schweres Essen ist dann nicht gerade förderlich. Tagsüber, bei viel körperlicher Bewegung, ist Dal hingegen leichter verdaulich.

Dal sowie verschiedene Bohnen und Erbsen sind für Vegetarier zwar als Nahrungsmittel sehr wichtig, man muss sie aber nicht unbedingt jeden Tag essen. Nüsse in vielfältiger Art stehen dem Vegetarier nämlich genauso zur Verfügung. Bei schwacher Verdauung sind Mungbohnen und Mung-Dal vorzuziehen; andere Bohnen und Dals meidet man dann besser.

In einigen Ayurveda-Büchern wird gesagt, man solle mit Senföl kochen, weil das gut für die Gesundheit sei. Warum?

Zunächst sollten wir uns von der Vorstellung lösen, ein bestimmtes Nahrungsmittel sei per se gut oder schlecht für die Gesundheit. Ayurveda zufolge ist alles gesund, was die körperliche Harmonie fördert, und alles ungesund, was sie stört. Je nach Zeitpunkt, Ort und unserem Prakriti kann dieselbe Sache einmal förderlich, das andere Mal schädlich sein.

Senföl verbreitet ein starkes Aroma, wirkt antibiotisch und lindert den Schmerz. Es ist die Grundlage für eine Reihe von Mitteln gegen Hautkrankheiten und für schmerzlindernde Öle. Man kann es auch zum Kochen verwenden, es ist aber seiner Natur nach sehr heiß und wegen seines starken Aromas kein sehr feines Speiseöl. Die traditionellen Ayurveda-Quellen raten, mit Sesamöl zu kochen, und empfehlen Senföl zu Heilzwecken. In einigen Teilen Indiens wird es zwar gelegentlich für die Zubereitung von Speisen benutzt, man sollte es aber nicht zu oft verwenden. Es ist ohnehin besser, beim Kochen parallel mit Ghee und Öl zu arbeiten, also die erste Speise mit Ghee und die folgende dann mit Öl zuzubereiten. Außerdem empfiehlt es sich, verschiedene Pflanzenöle abwechselnd zu nehmen. Rapsöl ist hierbei nicht geeignet, weil verschiedene jüngere Untersuchungen auf schädliche Nebenwirkungen hindeuten.

Einige Ernährungskundler empfehlen, aus Gesundheitsgründen bestimmte Nahrungsmittel getrennt zu essen. Wie ist dies unter ayurvedischen Gesichtspunkten zu beurteilen?

Es ist wichtig, keine Nahrungsmittel gleichzeitig zu essen, die ihrer Natur nach antagonistisch sind. Genauso sollte man darauf achten, nicht Nahrungsmittel zu kombinieren, die nur schwer verdaulich sind. Darüber hinaus gibt es aber keinen Grund, Nahrungsmittel zu trennen. Im Gegenteil, da gemäß Ayurveda jede Mahlzeit möglichst alle Rasas beinhalten soll, stellt man gerade unterschiedliche Nahrungsmittel gern zusammen und bereichert sie mit verschiedenen Gewürzen. Daher ist eine solche Trennung von Nahrungsmitteln aus der ayurvedischen Sicht nicht ratsam. Ferner sind derartige Speisen oft eher fade. Der sinnliche Genuss beim Essen ist aber gerade in der Ayurveda-Küche besonders wichtig.

Einige Gesundheitsexperten raten, täglich etwa zwei Liter Flüssigkeit zu trinken. Was sagt Ayurveda dazu?

Der Flüssigkeitsbedarf hängt von unserem Prakriti und der Nahrung ab, die wir zu uns nehmen. Menschen mit Pitta-Prakriti müssen mehr als solche mit Vata-Prakriti trinken, Menschen mit Kapha-Prakriti dagegen weniger. Ayurveda empfiehlt, des Öfteren warme, flüssigkeitsreiche Speisen wie Suppen und verschiedene Getreidezubereitungen zu essen. Auch Obst und Gemüse enthält viel Flüssigkeit, und wenn Sie Reis kochen, so nimmt er ebenfalls viel Wasser auf. Grießspeisen haben noch mehr Flüssigkeit in sich. Sofern sich die drei Grundenergien im Gleichgewicht befinden, zeigt Ihnen der Durst den tatsächlichen Flüssigkeitsbedarf Ihres Körpers an. Wer sich mit sehr flüssigkeitshaltiger Kost ernährt und noch dazu viel Wasser oder Tee trinkt, belastet seine Nieren ziemlich stark. Wenn Personen mit Kapha-Prakriti zu viel Flüssigkeit aufnehmen, können sie dadurch ein Kapha-Ungleichgewicht herbeiführen.

Kräuter und Gewürze

(mit Seitenzahlen sind nur die Gewürze versehen, die ausführlicher beschrieben werden)

Absinth (Wermut)
Ajwain S. 62
 - Ajwain, großer
 - Ajwain, kleiner
Anis
Apfelsine
 - Apfelsinenschale
Asafötida (Teufelsdreck, Heeng) 67
Basilikum (Tulsi, Oscimum sanctum) 66f.
Bockshornklee (Methi) 61
Chilipfeffer 68
Dill (Soye) 62f.
 - Dillblätter
 - Dillsamen
Essig
Fenchel (Saunf) 59f.
Gelbwurz s. Kurkuma
Gewürznelken 58
Ingwer (Shunti, Saunth, Adarak) 63f.
 - frischer und getrockneter
Kalonji (Nigella sativa) 60f.
Kardamom (Ilayachi) 58f.
 - Kardamom, großer (Badi Ilayachi) 59
 - Kardamom, kleiner (Choti Ilayachi) 58

Knoblauch 64
Koriander (Dhaniya) 60
 - Korianderblätter
 - Korianderkörner
Kresse (Chansur, Halim) 64f.
 - Kresseblätter
 - Kressesamen
Kreuzkümmel (Jeera) 59
 - schwarzer Kümmel (Carvi)
 - Schwarzkümmel (fälschl. f. Kalonji)
Kurkuma (Haldi) 63
Lorbeerblätter
Löwenzahn
Mango
 - Gewürzmango
 - Mangopulver (Amchur) 71
Mazis (Javitri) 65f.
Minze (Pudina) 67
 - Gartenminze
 - Wildminze
 - Himalaya-Minze
 - Minzeblätter
Muskatnuss (Jaipal) 65f.
Nelken s. Gewürznelken
Oregano
Petersilie
Pfeffer 56f.
 - Pfeffer, langer (Pipalli, Peepal)

 - Pfeffer, schwarzer
 - Pfeffer, weißer
Rucola
Safran (Kesar, Crocus sativus) 66
Salz 56
 - Meersalz
 - Steinsalz
 - Salz, schwarzes (Krishan Lavan, Kala Namak)
 - Steinsalz, weißes (Sendhav, Sendha)
Senf 61f.
 - Senfkörner
 - indischer Senf (Rai)
Sesam (Tahini) 70
 - Sesamsamen
Süßholz
Tamarinde (Imali) 70
Thymian
Wermut (Absinth)
Zimt (Dalchini) 57
 - Zimtblätter (Tejpatra)
Zitrone
 - Zitronensaft
Zwiebel
 - Zwiebelsamen (fäschl. f. Kalonji)

Rezeptverzeichnis

Ajwaintee 175f.
Aubergine, gebratene mit Gemüse 121f.
Auberginenpüree (Bharta) 117ff.
Avocados mit besonderer Sauce 151

Bartha s. Auberginenpüree
Basilikum-Süßholz-Tee 177
Basilikumnudeln 106
Béchamelsauce 132f.
Bittergurken mit Tomaten 128f.
Blumenkohl, überbackener 133
Blumenkohlgericht 102

Bohnen, feine grüne mit Ingwer 116
Brot aus gemischtem Mehl 142
Brot aus Kichererbsenmehl (Basin) 142
Brot aus Weizenschrot 140
Brot, gebackenes mit Gemüse 146
Brot, grünes 142

Chapati 143
Chena Mithai 172
Chicorée mit Nüssen 151
Chutney mit gemischten Kräutern 167

Dalia mit Sesamkörnern 114
Dal-Palak (Suppe mit Linsen und Spinat) 93
Dessert mit gemischtem Obst 169
Dosa 144
Dosas, Füllungen 144

Erdbeeren mit Basilikum 169

Fenchel- oder Anistee 177
Fladenbrot mit Mandeln und Rosinen 101
Fladenbrot oder Chapati mit Salat und Joghurtsauce 145

Fladenbrot oder Chapati mit warmem Gemüse und Joghurtsauce 145
Frischkäse aus Joghurt 137
Frischkäse mit Kreuzkümmel, Pfeffer und Kardamom 137
Frischkäse mit Sahne 138
Frühstück mit frischem Joghurt 89f.
Frühstück mit gequollenen Kichererbsen 90
Frühstück mit Obst 90

Gemüse, buntes mit Ingwer 116
Gemüsebrot 141
Gemüsereis, bunter 110
Gemüsesuppe, bunte 94f.
Gemüsesuppe, grüne 97
Gewürzmischung A 73
Gewürzmischung B 74
Gewürzmischung C 74
Gewürzmischung D 74
Gewürzmischung E 75
Gewürzmischung F 75
Gewürzmischung G 76
Gewürzreis, süß-saurer 110f.
Grießporridge 87
Grundsauce 118

Hähnchenkeulen in Grundsauce 120

Ingwer, eingelegter 167
Ingwer-Kardamom-Tee 176

Kaffee 179
Kardamomwasser 174
Kartoffel-Halva 87
Kartoffeln in Grundsauce 119
Kartoffeln und grüne Erbsen in Grundsauce 119f.
Kartoffeln, überbackene 133
Kartoffelrösti 131
Khichari 160f.
Kichererbsen mit Tamarinden 154
Kichererbsen ohne Fett 155
Kichererbsen in Grundsauce 156
Kichererbsengericht, einfaches 156
Kichererbsenpüree 155
Kidneybohnen und ähnliche Bohnen 157
Kokos-Chutney 167
Kräuterkäse 137

Kräuterkäse mit Knoblauch 137
Kürbis süßsauer 123
Kürbissuppe 96f.

Lassi, salziges 183
Lassi, süßes 183
Lauchsuppe 99

Maisbrot, einfaches 141
Maisbrot mit Methi (Bockshornklee) 141
Mandel- und Mandel-Pistazien-Milch 182
Mandelsharvat 181
Mango-Chutney 166
Marmeladen und Gelees (Grundrezept) 91
Minze-Chutney 166
Möhren mit Bockshornkleeblättern 123
Möhren und grüne Erbsen 122
Möhren-Halwa 170
Möhrenmus mit Milch 89
Möhrensalat 150
Möhrensuppe 94
Mungbohnen 158f.

Neungewürztee 178
Nudeln mit Gemüse und Minze 106
Nudeln mit Kreuzkümmel 104
Nudeln mit Rucola 104
Nudeln mit Spinat 105
Nudeln mit Zwiebeln und Knoblauch 104

Obst- und Gemüsesäfte 179

Paneer (und grüne Erbsen) in Grundsauce 126
Paneer mit Ingwer 125
Paneer mit Sahne 138
Paneer, gebratener 101
Paneer-Suppe 96
Paprikakäse mit Minze 137
Phirani 172
Porridge mit geschroteten Weizenkeimen 88

Rayata mit Bananen 164
Rayata mit Gurken 164
Rayata mit Ingwer, Zwiebeln und Tomaten 164
Rayata mit Zucchini 165

Reis, einfacher 108
Reis mit grünen Erbsen 112
Reis mit Paprika, Brokkoli und Ingwer 112
Reis, gebratener 111
Reis, grüner 111
Reis, salziger mit Zwiebeln 109
Reissalat 149
Rosenmilch oder Kewaramilch 182
Rote-Linsen-Suppe (Masur-Dal) 95
Rüben, weiße 124f.

Safran-Khir 171
Safranmilch 181f.
Safranreis 109
Salat, gemischter 150
Salat mit Frühlingszwiebeln 148
Salat mit Roten Beten 150
Salate, grüne 152
Salatsaucen 148f.
Sojabohnen 157f.
Spinat mit Kartoffeln 126
Spinat mit Paneer 126f.
Spinat mit Tomaten 127
Spinatsuppe 98
Suji (Grieß) 171
Suji Halwa (Grieß-Halwa) 170
Tee mit Ajwain und Ingwer 176
Tee mit großem Kardamom, Nelken und Zimt 177
Tee mit Ingwer, Kardamom und Basilikum 176
Tee mit Ingwer, Kardamom, Basilikum und Pfeffer 176
Tee, schwarzer mit Gewürzen (Chai) 178f.
Tomatensalat 151

Urd-Dal 159f.

Weißkohl mit Mischung B 117
Weizen-Milch-Porridge 88
Weizenporridge oder Dalia 86f.
Weizenschrotbrot mit Gemüse 140

Zitronengetränk, würziges 180
Zitrusmarmelade 91
Zucchini mit Tomaten 127f.
Zucchini, überbackene und einfacher Reis 134

Adressen

Bezugsquellen

Die meisten in diesem Buch aufgeführten Produkte können in indischen Lebensmittelgeschäften gekauft werden, die inzwischen in allen größeren Städten zu finden sind. In kleineren Städten können sie vielfach in Reformhäusern, Apotheken oder Asia-Läden bestellt oder per Post geordert werden. Sie finden solche Adressen im Telefonbuch. Inder leben in der ganzen Welt und sie kochen meist auf traditionelle Weise. Sie können Ihnen immer Auskunft geben, woher sie ihre Lebensmittel beziehen. Sie können auch in indischen oder pakistanischen Restaurants nachfragen. In vielen Städten gibt es auch Indien-Institute oder eine Deutsch-Indische Gesellschaft, die Adressen weitergeben.
In Wien auf dem Naschmarkt und bei den im Folgenden aufgeführten Adressen erhalten Sie eine Vielzahl der aufgeführten Produkte.
Herr Hashim, Haris Trading Company, Kaiserstr. 62–64, Kaiser-Passage 46–47, 60329 Frankfurt, Tel.: 00 49-69-23 29 59 Fax: 00 49-69-23 75 95
Asien Bazar & Naturkost, Donnersbergerstr. 38, 80634 München, Tel.: 00 49-89-13 17 03, Fax: 00 49-89-13 28 21

Seminare, Vorträge, Ausbildung
Näheres zu Seminaren, Vorträgen, Einzelberatungen und zur Ausbildung für Charaka-Schule und Ayurveda von Frau Dr. Verma erfahren Sie unter folgenden Adressen:
The New Way Health Organisation NOW, A-130, Sector 26, Noida 201301, U.P., Indien, Tel.: 00 91-120-4 52 78 20 Fax: -4 55 23 68
vermayur@yahoo.com
vermayur@vsnl.com
www.ayurvedavv.com

In Deutschland:
Naturheilpraxis, Karin & Jakob Ritter, In den Fischermatten 1, D-79312 Emmendingen, Tel.: 00 49-76 41-93 50 96, Fax: 00 49-76 41-93 50 98
Michael Röslen, Wilhelm-Vendick-Str. 35, D-37130 Gleichen OT, Große Lenden, Tel. u. Fax: 00 49-55 08-9 21 35, E-Mail: roeslen.schulze@t-online.de

In der Schweiz:
Isabelle Köppel-Zhao, Schule für klassische Naturheilkunde, Schöntalstr. 21, CH-8004 Zürich, Tel.: 00 41-1-2 41 56 83, Fax: 00 41-1-2 41 02 04, E-Mail: info@naturheilkunde.ch
Gisela Binder, Feldbergstr. 34, CH-4057 Basel, Tel.: 00 41-61-6 92 38 49, Fax: 00 41-61-6 92 35 02

In Österreich:
Alexandra Paur, Peischnigerstr. 1, A-2700 Wr. Neustadt Tel. u. Fax: 00 43-26 22-2 37 73